小・中学生のための足がグングン速くなる本

伊東浩司

Start

はじめに　子どもの「心」を育んでいく

だれでも足は速くなります。

そう言うと、「そんなに簡単にできるんですか？」と、ほとんどの人が驚いた顔を見せるものです。ですが、間違った固定観念から脱却し、走りに対するネガティブなイメージをポジティブに変えるだけで、本当に速く走れるようになるのです。

意外と知られていないことですが、走りには「心」（メンタル）が大きく影響します。

大切なのは、成功体験を重ねたり、得意分野を見つけること。「自分にもできる」「速く走れる」と自信さえ身につけたら、もはや速くなったも同然と言えるでしょう。

２０１１年５月、私がかねてから熱望していた、小学生対象の陸上教室『ヴィッセル神戸アスレチッククラブ』が開講となりました。

参加している子どもたちに対して、走ることの必要性と楽しさを知ってもらうためには、どのようなアプローチをしていけばいいのか、試行錯誤の日々でした。

その過程で、陸上競技者としては、気がつきにくい指導ポイントがあることもわかりました。そして、今では子どもたちは笑顔で走り、積極的に記録測定にのぞむ姿が多く見られるようになっています。

ポイントとなるのは、やはり「心」の部分になります。

本書には、私がこれまで子どもたちと接して、培ってきたメソッドを余すところなく紹介しています。子どもに気づきのヒントを与え、「心」を育むための方法は、多くの保護者や指導者の方にも参考にしていただけるものと思います。

もちろん正しいフォームで走れるようになるトレーニングなど、技術的なところにも触れていきます。スタートダッシュ法、神経系トレーニング、ステップアップドリルなど、どれも実際に効果があったものばかりで、子どもたちも楽しくできるはずです。

トレーニングは継続性が大事になります。まずは1週間、続けてみてください。さまざまな動きを体に染み込ませることで、理想のフォームに近づいていきます。

子どもたちが体を動かすことの楽しさを感じ、広いグラウンドを元気よく走り回る。

本書がその一助となれば、それに勝る幸せはありません。

伊東浩司

CONTENTS

Chapter 2
走りがみるみる変わる！ クイックレッスン

Chapter 3
気になる！ 子どもと走りのこと

CONTENTS

Chapter 5

CONTENTS

Chapter 1

どんな子でも**速く**走れるようになる！

子どものやる気がアップする5つのコツや
運動能力を上げる〝頭スイッチ〟の
入れ方などを紹介します。
走りのイメージを
ポジティブにしていきましょう。

走りのイメージをポジティブに変える!

足の遅い子というのは、「走ること=楽しくない」というイメージを持っているものです。

「転んだらどうしよう」

「どうせ負けるに決まってる」

「しんどいから、いやだなぁ」

運動会の日が近づくにつれて、そうしたイメージは次第に不安や緊張へと変わっていき、やがて走ることから自分を遠ざけるようになってしまいます。

運動すること自体にネガティブな思考を持つと、外で遊ぶ機会も減っていきます。

体をほとんど動かさないようになれば、当然のことながら走るのも速くなりません。

そうした悪循環から抜け出すには、**走ることに対するイメージをポジティブに変えていく必要があります。**

「走ることが楽しい」

「体を動かすと気持ちがいい」

「できなかったことができるようになった」

そう思えるようになるだけで、足が速くなったも同然なのです。

それまで小さくしか動かせなかった体を、大きく動かせるようになります。

はじめは走るのが苦手だと思っていた子も、いつの間にか懸命に腕や足を動かすようになるでしょう。50m走のタイムが縮まれば、体を動かすことに自信もついてきます。

つまり、「走ること＝楽しい」というポジティブなイメージを持ち、そのうえで正しい走り方を知ることによって、本来持っているはずの運動能力を有効に使えるようになるのです。

成長過程にある小・中学生年代であれば、なおのこと伸び代は大きいでしょう。

私が指導する『ヴィッセル神戸アスレチッククラブ』では、さまざまな目的を持った子どもたちが集まっています。

Jリーグのヴィッセル神戸のホームページで告知しているので、「走るのが速くなってサッカーが上手になりたい」という理由で入ってくる子が中心です。ですが、どの子も走ることに対してネガティブなイメージを持っている子ばかりでした。

だからと言って、だれだってはじめから足が遅いというわけではありません。日ごろの生活習慣や間違ったトレーニングによって、いつの間にか「遅い走りになってしまっている」のでしょう。

そういった子でも、体を動かしているうちに自分で新しい可能性を見つけ、みるみるうちに正しい走り方へと変わっていきます。

もちろん足が速い子も、メンタルの持ち方や目標設定、練習の内容によって、もっと速い記録を出すことが可能です。

子どものやる気を引き出し、「速く走りたい」という思いを具体的な形に変えていく。

それをテーマに、本書を進めていきたいと思います。

どうすれば速く走れるようになるのか？

小・中学生を対象にした陸上教室を開いていると、保護者の方から質問をよく受けます。

その中でも特に多いのが「どうすれば速く走れるようになりますか？」というものです。

わが子に運動会で一番になってほしいのは、どこの保護者の方にとっても共通の願いのようです。そうでなくても、子どもが元気よく走っている姿というのは、見ていて気持ちがいいものです。

こうした質問に、私はいつもこう答えます。

「何を目指すかにもよりますが、だれでも必ず速く走れるようになりますよ」と。

もちろん、足が遅い子がいきなりクラスで1番になれるかといったらそれは難しいでしょう。それには、継続した正しい練習をすることが必要になります。

でも、「今の自分よりも速くなろう」という目標であれば、ちょっとしたきっかけを与えるだけで、だれでも驚くほどタイムを縮めることができます。

そして、その伸び幅は、運動が苦手だと思っている子ほど大きいのです。

では、具体的にどのようなきっかけを与えればいいのでしょうか。

以前、あるテレビ番組の企画で、子どもを速く走れるようにしてほしいという依頼が私のところにやってきました。

その子は太めの体格で、見るからに運動が苦手そうでした。

保護者の方も健康のために少しでも走れるようになってほしいと考えていたのですが、

どうにもこうにも手を焼いていたようです。

私がやったのは単純なことでした。ただ、〝歩く〟ことから始めさせたのです。

当たり前ですが、**速く歩けなければ、速く走れるようにはなりません。**

なぜなら、体の機能というのは、〝歩く〟の延長に〝走る〟があるようにできているからです。逆の言い方をすれば、速く歩けるようになれば、自然と走るのも速くなる、ということです。

「歩くだけトレーニング」で、3秒タイムが縮まった!

「歩くだけトレーニング」の方法を説明していきましょう。そのテレビ番組に出演した子には、最初に30mのライン(直線)の上を歩かせてみました。下を向かずにまっすぐ前を見るようにして、ゆっくり歩くのを3セット。

慣れてきたと思ったら、徐々にスピードを上げさせました。

さらに子どもの気持ちが乗ってきたところを見計らって、「走ってはいけないけど、ギ

歩くだけトレーニング

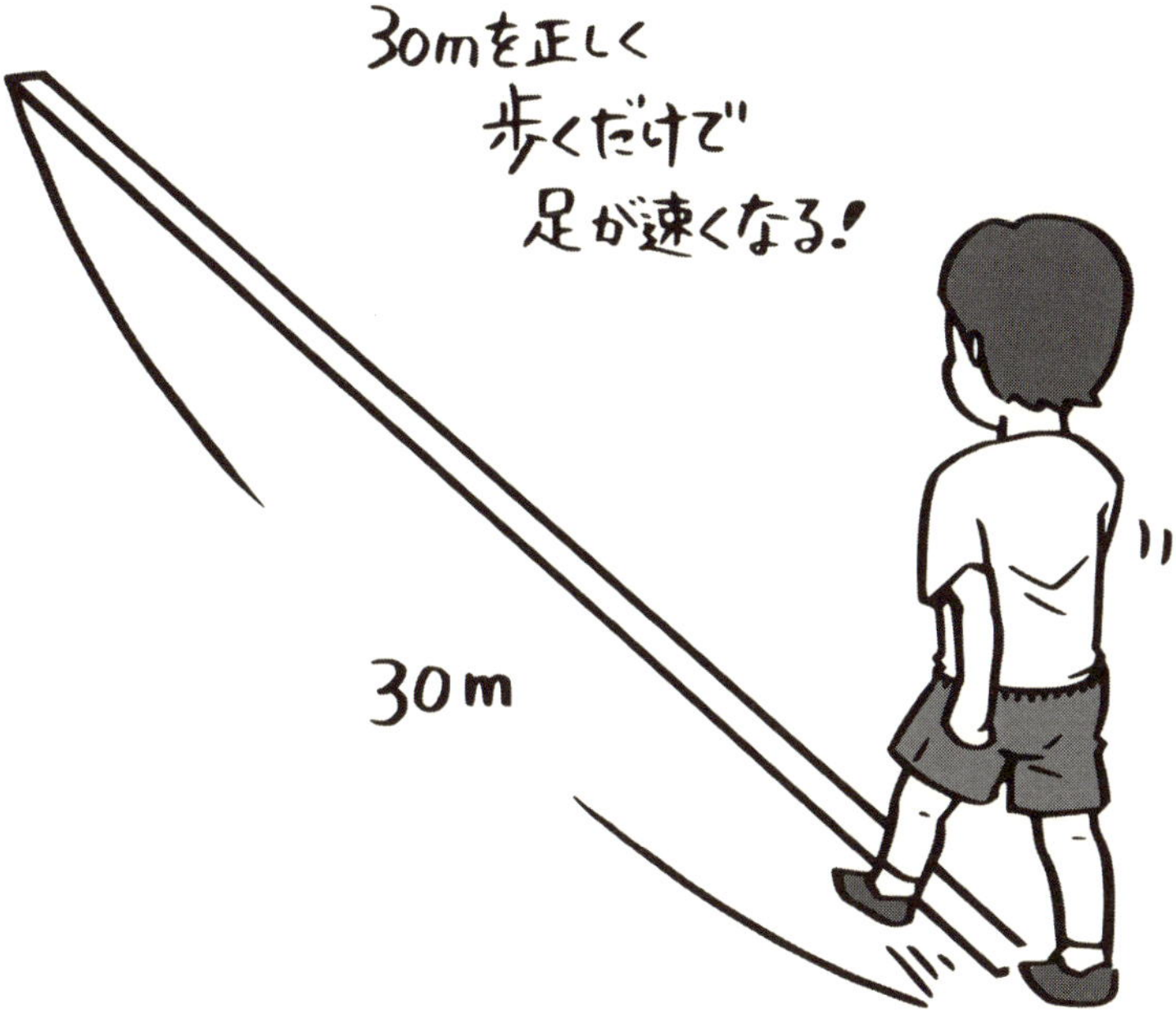
30mを正しく
歩くだけで
足が速くなる！
30m

1 ライン上を３回歩く

30 mのライン（線）を引く。まっすぐ前を見ながら、3回ほどゆっくり歩いてみる。

2 スピードを上げて歩く

慣れてきたら、徐々にスピードを上げて何本か歩く。ギリギリまで速く歩くようにする。

3 ライン上を走る

タイミングを見計らって、ライン上を走らせてみる。

リギリまで速く歩いてごらん」という指示を出します。するとその子は、走らないように意識しながらも、できるだけ体を速く動かそうとしたのです。

その本数を増やしていき、またタイミングを見計らって、いよいよ「走ってもいいよ」と言う。そうすると、今度もまた思い切り体を動かしたい一心で、どんどん体を速く動かしていきました。

最後に50m走のタイムを計ったところ、番組の収録が始まったころと比べて**3秒もタイムが縮まったのです。トレーニングを始めて、たったの30分です。**

真っすぐなラインを歩く。こんな簡単なトレーニングでも、子どもの足は速くなるのです。

言葉のマジックもあるでしょうが、「速く歩いてごらん」と言うと、子どもというのは自然と走り出したくなるものです。「走っちゃダメだよ」と言っても、慣れてきて速く体を動かそうとします。

ようするに、速く走れないという現実があるのであれば、まずは速く歩けるようになることを目指してみるということです。

それに加えて、周りの大人が「すごい」と言ってあげることも大事だし、「速くなった」と本人に思わせることも大切です。そこにどう導いてあげるかが、保護者や指導者にとっては腕の見せ所です。

走り方というのは少しのきっかけでメキメキと向上していきます。自分で自分の限界を決めつけてはいけません。〝運動が苦手だから足も遅い〟という固定観念はいっさい捨ててください。

メンタルの影響は80％以上

走るのが速い・遅いというのは、基礎体力や遺伝、あるいは素質だけで決まると思っていないでしょうか。

速く走るためには、心が大きく作用します。

スプリント（短距離走）は〝心のスポーツ〟なのです。

80パーセント——。これは私が考える、技術と比較した場合のメンタルが占める割合で

メンタルの影響が80％以上

走り方の技術よりも、短距離走ではメンタルの影響が大きい。

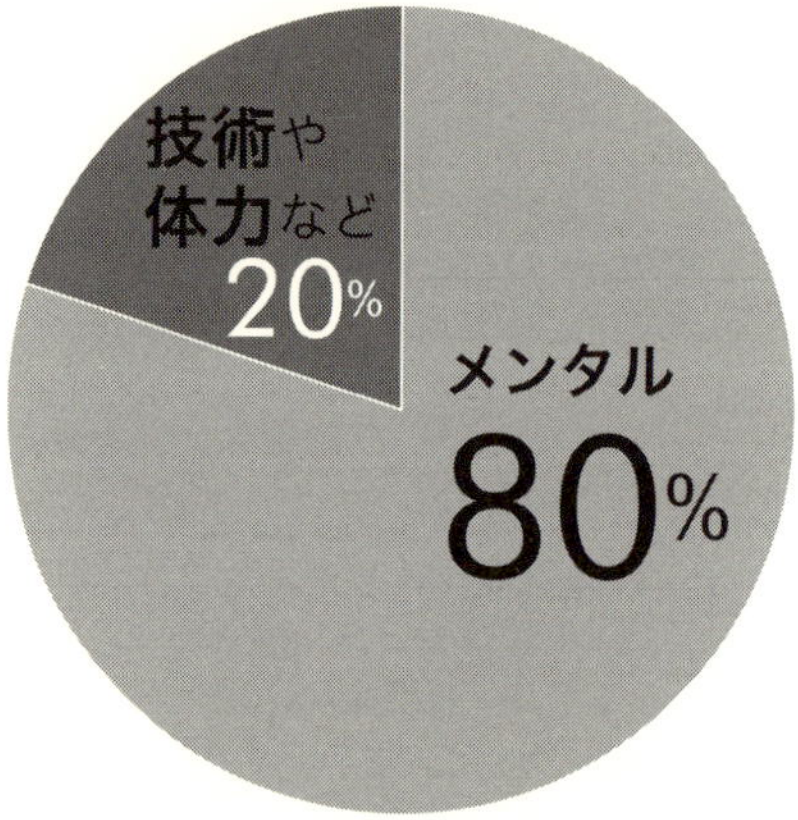

す。シドニー五輪で金メダルを獲得したアメリカのモーリス・グリーン選手は、それが90パーセントだと言っていたそうです。

それほど、世界中のトップアスリートも、メンタルを重視しているのです。

心が大切なのは、成長過程の小・中学生も一緒。むしろ、より重要なポイントと言えるでしょう。

しかし、今もなお続いている古典的な指導が、才能のある子どもたちを走ることから遠ざけているように感じます。

たとえば、サッカーの試合で負けたとき。監督が鬼の形相で「お前ら、走ってこい！」と言って、グラウンドを何周も走らせる。

試合が終わったばかりなので、子どもたちはヘロヘロです。これではただの精神修行で、トレーニングとしてはあまり効果もないでしょう。監督の自己満足にしかすぎないのです。

このように、走ることをペナルティ走として扱うことは、まったくのナンセンスであると言わざるをえません。

「走るのが楽しい」「走るのが好き」「もっと速く走りたい」と思えるようになれば、自然と体が動くようになるものです。

足が速いか遅いかはどうやって決まる?

そもそも、走ることの優劣は、「速い」か「遅い」かの二者択一で決められるものではありません。ところが、ほとんどの子どもたちは、運動会の順位や学校体育のタイム計測などでそのように決められてしまう傾向があります。

一口に「走る」と言っても、得意な距離は人それぞれ。

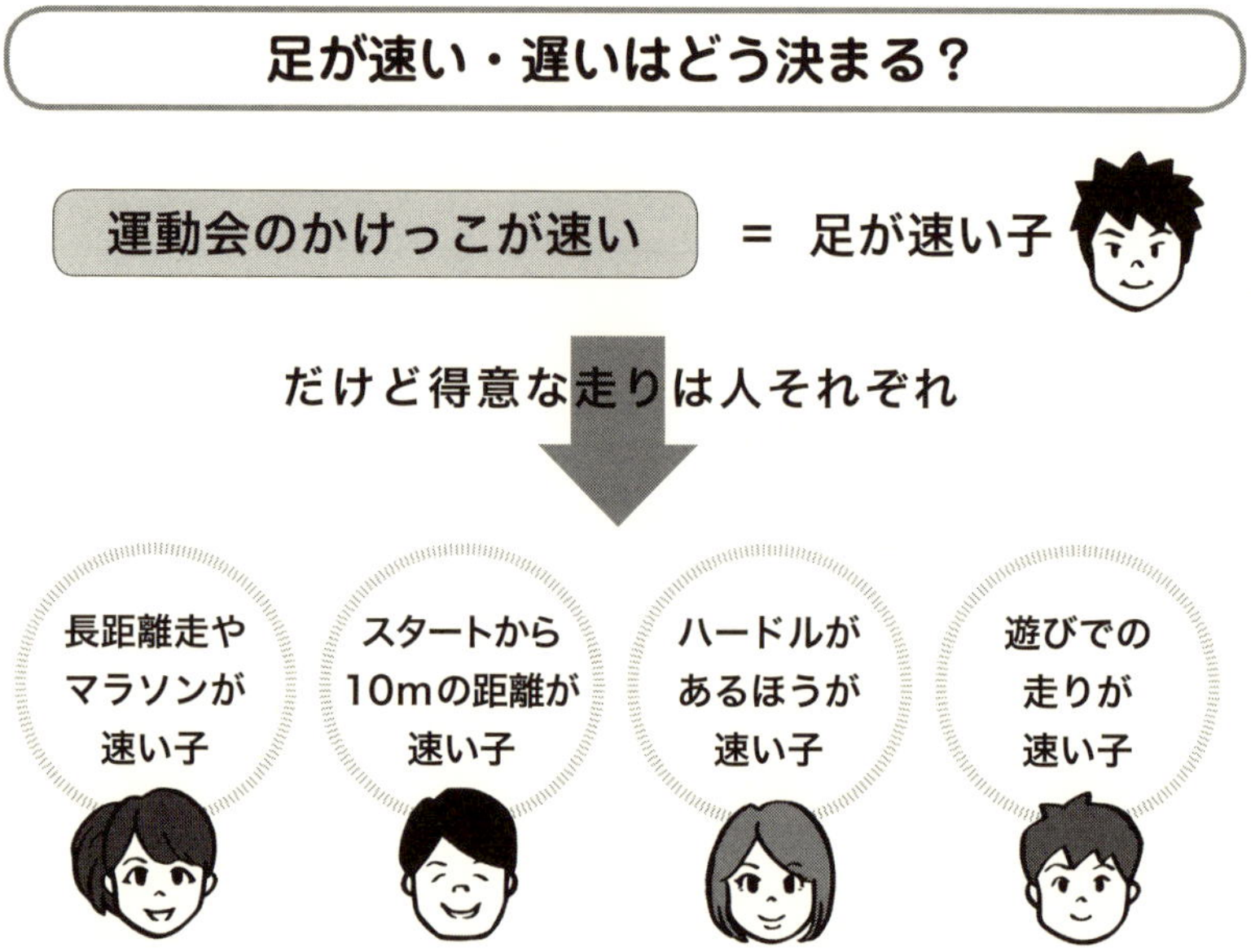
足が速い・遅いはどう決まる？
運動会のかけっこが速い
＝ 足が速い子
だけど得意な走りは人それぞれ
長距離走やマラソンが速い子
スタートから10mの距離が速い子
ハードルがあるほうが速い子
遊びでの走りが速い子

50m走に喜びを感じることがあれば、1000mやマラソンのように長距離を走るほうが記録が出る子もいる。中には、スタートから数メートルで抜群の瞬発力を発揮する子もいます。

それを一発勝負の運動会で負けたからといって、「足が遅い」と決めつけてしまうのは、その子があまりにもかわいそうではないでしょうか。

子どもたちを観察していると、思わぬところで力を発揮することがよくあります。

50m走のタイムがそれほど速くなくても、斜めに倒して三角形にしたハードルを跳ばせると、ものすごいスピードを出す子がいます。

水たまりや土手を走り幅跳びのようにジャンプさせると、スムーズな助走で驚くほど遠くまで跳べる子もいます。

あるいは土のグラウンドを走るのは遅いのに、ゲームセンターなどに走っていくときはとびきり速い子もいます。

さまざまなシチュエーションで走らせてあげることで、子どもたちの走る意識はずいぶんと変わるものなのです。

機会があれば、土の上だけではなく、トラックや人工芝など走る場所に変化をつけてみてください。

今の子は集中力が低下している?

「うちの子は集中力がないんです。伊東さん、どうにかしてもらえませんか?」

近頃、保護者からのそうした嘆きの声を聞くことが多くなってきました。

確かに小学生を対象にした陸上教室をやっていると、子どもたちの行動に少し気になる傾向があります。

というのも、練習の前にみんなを集めて話をするのですが、途中から背中を丸めて下を向いていたり、周りをキョロキョロしてどこかそわそわしてくる子どもが多いのです。

その理由は、はたして「集中力の低下」によるものでしょうか。

けっしてそれだけで片づけることはできないと思います。

なぜなら、こんなケースもあるからです。

たとえば、うわの空で遠くを見ている子どもに「この話で終わりだよ」と言うと、急に背すじが伸びてちゃんと耳を傾ける。

また、練習中はずっと「しんどい、しんどい」とつぶやいていたのに、「休憩だから、水飲んできていいよ」と声をかけると、途端に水飲み場までダッシュする子もいます。

子どもは飽きっぽく、また、気まぐれでもあります。しかし、こちらの接し方次第で、態度ややる気も変わってくるのです。

そう考えると、多くの大人が指摘しているほど、今の子どもたちの集中力が低下しているとは一概に言い切れないように感じます。

小学校低学年までは、特に興味のないことはすぐにやめてしまう傾向がありますが、それは集中力がないからではなく、体が多種多様な刺激を求めているからとも言えます。

保護者や指導者の方は、「どうして長続きしないのだろう」とイライラせず、子どもが飽きないように工夫してあげることも重要になってくるのです。

夢中になっている子どもは疲れを感じない

子どもは興味があることに対して夢中で取り組みます。

家でゲームをやっていれば、お母さんから「もうやめなさい」と言われるまで続けていることでしょう。

百人一首の句を一生懸命覚える子どももいます。

パソコンや携帯電話を触らせたら、大人顔負けの操作をする子どももいます。

同じように、夢中になって体を動かしている子どもというのは、驚くほど疲れを感じさせません。

たとえば、練習に一生懸命になっているときは、こちらがあえて本数を少なくしているのに、「もう1本いきたい」と要求してくる子がいるほどです。

周りの大人に求められるのは、子どもの表情が変わった瞬間を見逃さないこと。日常生活と同じで、子どもはいつでもシグナルを出しているものです。

子どもが楽しそうにしていたら、どんどん新しい練習を与えればいいでしょう。

逆にぼんやりしていたら、「どうした？　何を見ていたんだ？」などと声をかけて意識をこちらのほうに向けてあげる。

練習に飽きているように感じたら、「じゃあ、ビデオカメラで走っているところを撮ってあげるね」といったように変化を与えると急にやる気を見せたりします。

そのタイミングや方法は人によってさまざまです。

つまり、保護者や指導者にとって大切なのは、走ることが楽しいと思わせる工夫と、「大人はちゃんと見ているんだよ」ということを子どもに気づかせてあげることです。

子どものやる気がどういったことでアップしているのかを発見してあげてください。

子どものやる気アップ5つの教え

実際にどうやったら子どものやる気をアップさせることができるのでしょうか。

さまざまな方法が考えられますが、私がポイントとしているのは次の5つです。

1 他人と比べないようにする

まず何よりも気をつけないといけないのが、他の子と比べないこと。

「○○くんはあんなに速く走れるのに、どうしてうちの子はこんなに遅いの」

「▲▲ちゃんに負けないようにがんばりなさい」

と、自分の子と他の子を比較していないでしょうか。

これでは、せっかくタイムが伸びていたとしても、子どものやる気は上がりません。むしろ、子ども自身が自分の成長を感じられなくなってしまうのです。


競うのは自分自身です。

「前回のタイム計測と比べてどうだった？」

「1年前と比べて、どれくらい速くなった？」

誰かと比べるのではなく、このように自分と競う意識を持たせるようにしてください。

そうすることで、「速く走りたい」という子どもの意欲が刺激され、競争意識もアップしていくでしょう。

2 できた！ と感じさせる

それまで「できなかった」ことが「できる」ようになると、子どもは自らの意思で競争したり、新しいことにチャレンジしたいという気持ちが強くなっていきます。

初めて自転車に乗れたときや、鉄棒の逆上がりができたときに、みなさんも同じような感覚を味わったはずです。

走ることも同じで、子どもに「できた！」となるべく多く感じさせてあげてください。

たとえば、短距離走の練習をしているときに、50ｍ走でもしんどいと感じるようであれば、はじめは30ｍの距離で練習してもいいでしょう。

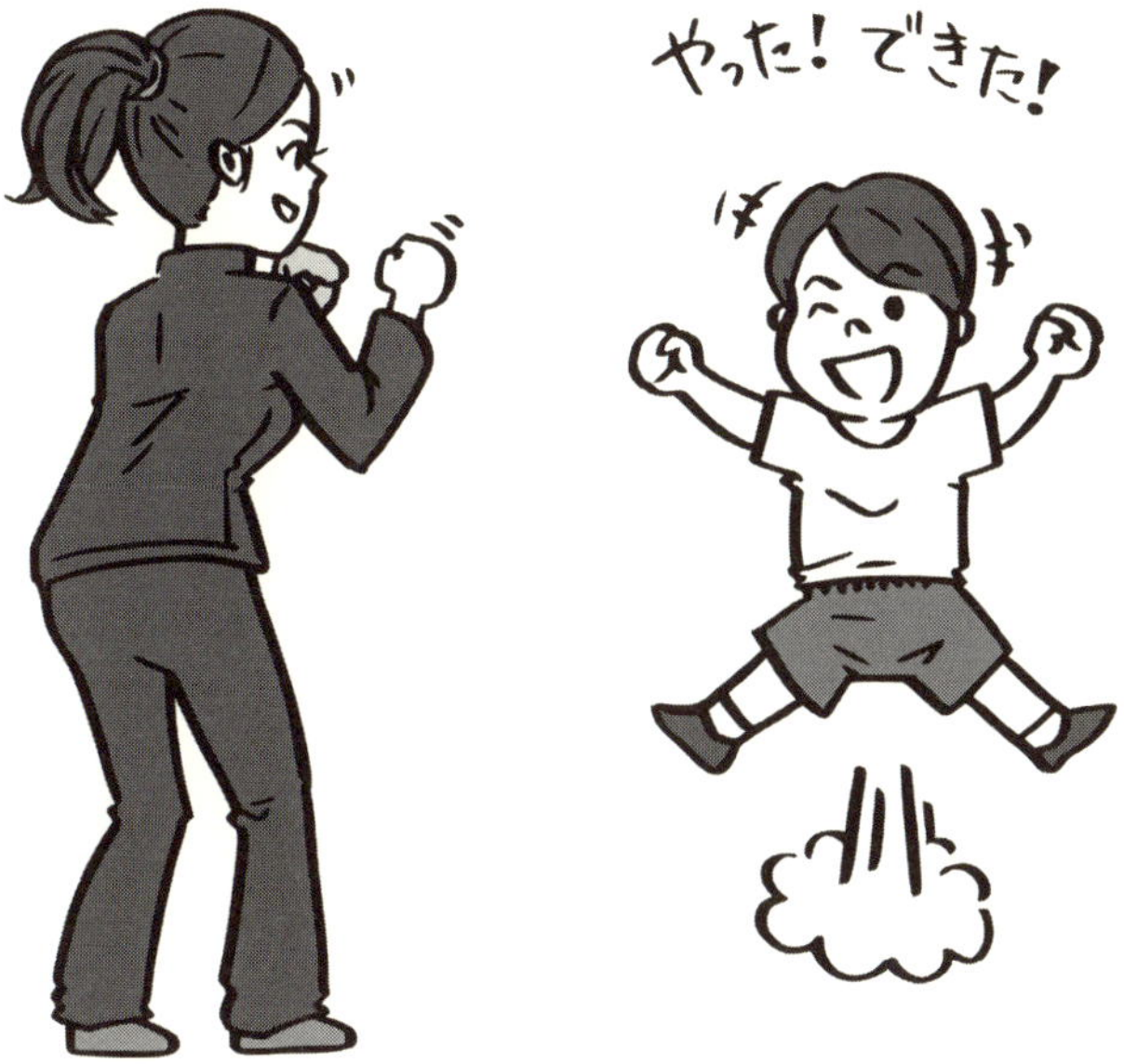

30mの距離でタイムが縮んでいけば、それが子どもにとってのやる気につながります。

確実に走り切れるようになったら、徐々に距離を伸ばしていきましょう。

無理して走り続けても、フォームが崩れるだけです。低学年ではなおさらのこと、適正距離を見つけてあげることが重要です。

本書では、さまざまな練習方法を紹介していますが、段階に分けて、できることから順番に取り組んでいけるようになっています。

できないことを一生懸命やっているからといって、早く上達するとは限りません。

それよりも、できることから徐々にステップアップしていくほうが、より効果的に体の動かし方を身につけることができます。

成功体験を重ねることで、子どもに自信が出てくるのです。そしてさらにトレーニングに集中して取り組めるようになります。

全身を目いっぱい使って動くことは楽しいこと。子どもたちにはそれを知ったときの喜びや、「できた」ときの感動をぜひ体験してほしいのです。

3 運動する環境を与えてあげる

子どもの基礎体力の低下が問題視されるようになって久しくなります。

確かに、広い場所で自分の体を自由に表現できる環境は少なくなってきているように感じます。防犯や家庭環境、発育の問題などの理由でいろいろな制限がかかり、子どもたちが外で自由に遊ぶことができません。

しかも、最近の子どもというのは、どういう目的で体力測定をしているのか、その説明がはっきりしていないと、測定するときにやる気を出さないという現状もあります。

ですが、体を動かす環境さえあれば、子どもの運動能力は十分に開花されますし、一概に体力そのものが低下しているとは断言できないのです。

以前、こんなことがありました。

大学近隣に住んでいる子どもたちを10人くらい集めて、陸上教室を開いたときのことです。

体を動かすためにいろいろなスポーツをしたり正しい走り方を知るための指導もしたのですが、実はそのとき、**子どもたちが一番喜んだのが、砂場の穴掘りでした。**

走り幅跳びをする前に砂を掘ったのですが、あれに夢中になったのです。

みんなで穴を掘る、という経験が少なかったのではないでしょうか。

砂場に行って「自由に山をつくってみよう」と言うと、砂場の下のほうから一生懸命掘ってくれました。

いつもはできないことを一生懸命やろうとするのは、どの子でも同じ。鬼ごっこなど広い場所で体を動かすのはだれだって大好きです。

もしかしたら、子どもたちのがんばる活力をもぎ取っているのは、大人たちなのかもしれません。

そういう意味でも、子どもたちが自由に遊べる環境を提供するなど、見直さなければいけないところはたくさんあると思います。

4 保護者が一緒に体を動かしてあげる

子どもが「運動したい」というそぶりを見せたら、**保護者の方はできるだけ一緒に運動してあげてください。**

一人だけで、公園で走るのはやっぱりさみしいし、心のどこかに恥ずかしさもあります。また、途中で退屈してきます。

それに、子どもは何事においてもイメージから先行していくもの。言ってみればモノマネの天才です。

もちろん、できないことを無理にする必要はありませんが、そういう意味でも、保護者の方が見本になってあげるといいと思います。

たとえば、この本を公園まで持っていき、掲載されているイラストに合わせて「腕はこれくらいまで上げたほうがいいみたいだよ」と言って実際にやってみる。

あるいは、「どう？　このイラストと一緒の動きになっているかな」と聞いてあげてもいいでしょう。

もし自分にできない難しい動きをしてくれたら、子どもは保護者に尊敬のまなざしを向

けてくるかもしれません。会話も増えて、コミュニケーションも取りやすくなるでしょう。もちろん、子どもが同じ動きをできるようになったら、「すごいね」とほめてあげることも忘れないようにしましょう。

なんだかんだ言っても、保護者の方というのは、子どもにとっていつまでも輝いてほしい存在です。**そんな一番身近な人にほめてもらったら、きっとモチベーションも上がることでしょう。**

5　目標を立ててみよう

そもそも、どうして「速く走りたいのか」というその目的によって、子どもたち

やる気アップ5つの教え

1 他人と比べないようにする

自分の子と他の子を比べない。競うのは自分自身。
前回のタイムと比べたり、数カ月前と比べてあげる。

2 できた！と感じさせる

成功体験を重ねることで、子どものやる気が出てくる。
難しい練習からはじめるのではなく、
簡単な練習からやってみる。

3 運動する環境を与えてあげる

体を動かすのが子どもは大好き。
自由に遊べる環境を与えることで、子どもは楽しんで
運動することができる。

4 保護者が一緒に体を動かしてあげる

1人で練習していては、途中で退屈してしまう。
保護者が一緒に体を動かしてあげることで、
イメージも持ちやすい。

5 目標を立ててみる

速く走りたいと思った理由を確認する。
子どもの意思を尊重しつつ、保護者と子どもとで
目標を共有する。

のやる気も変わってきます。

「運動会で1等賞をとりたい」

「スポーツでほかの子よりも有利になりたい」

「クラスのヒーローになりたい」

その目的は多種多様です。

子どもがどんな理由を持っているにせよ速く走りたいと思うなら保護者は応援しなくてはいけないし、逆に保護者が速く走らせたいと思うのであればそこに導く方法を考えるのが適切です。

ようするに、子どもの目標と保護者の目標の間をどう埋めていくかです。

選手の目標と指導者の目標との溝がうまく縮まれば、必ず成果が表れるのが陸上競技というスポーツです。

私もそうですが、指導者というのはそこに導くためのカードを何枚も持っていなければいけません。

ですから、保護者の方は少しくらいイライラすることがあっても、子どもの目標に歩み寄るという発想を持ってみてください。

そうして保護者と子どもとでコミュニケーションを図り、お互いの目標が合致できるようにする。もし子どもの目標が離れていっていると感じたら、取り組んでいることがおもしろくないのか、あるいは理解していないのかもしれません。

お互いの目標が合致し、それを達成するために大切なことだと子ども自身が思えるようになれば、話だってちゃんと聞けるようになるでしょう。

いずれにしても、子ども自身が目指す目標を尊重してあげて、やる気を出している状態になっているのかを確認していくことが必要です。

頭スイッチ　オンとオフを切り替える

陸上教室が終わったあとのグラウンドで、こんな光景を見かけることがあります。

一人の子どもが、練習が終わるとパッと着替えてさっと帰ってしまった。チームの中には居残り練習している子や、みんなで仲良くおしゃべりしている子もいるのに……。

どういった理由があるのかはわかりませんが、とにかく一人だけ先に帰ってしまったのです。

その子どもに対して、みなさんはどのような印象を受けますか？

「居残り練習をしないなんてふまじめだ」

「協調性がないからみんなの輪に溶け込めない」

このように感じることはないでしょうか。

ですが、実はそういう子どもに限って、短距離走に強い性格をしているケースが多いのです。

もちろん居残り練習もときには大切ですが、練習が終わったのにだらだらと友だちとおしゃべりしていてはメリハリがありません。

何事も、パッと行動に移せるほうがいいのです。体を速く動かすためには、キビキビと行動しなければいけません。

大切なのは、瞬時に気持ちを切り替えたり、オンとオフを切り替えること。

ようするに、〝頭スイッチ〟を自分の力で入れられるようになることです。

短距離走に強くなろうと思ったら、このように頭をすばやく切り替える瞬発力も問われるのです。

頭スイッチを入れてみよう

頭スイッチとは？

ある動作（思考）から瞬時に違う動作（思考）に切り替えるスイッチのこと。神経系が発達すれば、頭から体への伝達速度が増すので、短距離走では有利になる。

日常でもやってみよう！

例えばテレビを見ているときに、「2つ前のCMはどんな内容だった？」など突然質問をしてみる。

頭の回転を速くするために

〝頭スイッチ〟について、もう少し話を進めます。

スポーツというのは人の合図で物事がはじまるものです。

サッカーであれば主審のホイッスルで試合がはじまるし、野球であれば審判の「プレーボール」の合図ではじまる。

陸上競技の場合、走り幅跳びなどはある程度自分のペースでスタートできますが、100m走などのトラック種目はスターターのピストルが合図になります。運動会の徒競走であれば、先生の合図によってスタートするでしょう。

順番がいつ回ってくるのかはだいたい決まっているわけですから、その時間に合わせて心の準備をしておくことが大事です。

そうした時間の空間に順応するためにも、**日常生活から頭の回転を意識することがあってもいいだろうと思うのです。**

テレビゲームをしている子どもに向かって「もうゲームはやめて勉強しなさい」と頭ご

なしに叱るのではなく、「さっき出てきたキャラクターの名前はなんていうの？」と聞いてあげる。

あるいはテレビを見ている子どもに、「２つ前のＣＭは何だったかな？」と聞いてもいいでしょう。

そうやって、急に質問を投げかけて子どもに考えさせることも、頭の回転を速くする一つの方法です。ようするに、何らかの形で頭を使うということを、家庭の中でも取り入れてほしいのです。

陸上競技の現場でトップレベルの選手に話を聞くと、「子どもの頃はゲームのボタンを叩くのが速かった」とか「物覚えがすごくよかった」とか「トランプゲームの神経衰弱は必ず勝っていた」とか、そういう選手が非常に多いものです。

頭を使ったり速く行動するということを、子どもの頃から日常的にやってきたのでしょう。日常生活の中で培われた習慣が、速く走ることに活かされることがあるのです。

頭スイッチを鍛えるトレーニング

これは有名な話ですが、メジャーリーグのイチロー選手は動体視力を高めるために、走っている車のナンバーを見て、それを瞬時に足し算をする訓練をしていたそうです。

それと似たようなことで、陸上競技には**信号の変わり目に必ず反応する**という、伝統的なトレーニングがあります。

私も子どものころからよくやっていました。たとえば赤信号で待っているとき。信号が赤から青に変わった瞬間、パッと体が反応するように日常から心がけるのです。

別に本当にスタートを切る必要はありません。

動き自体は小さくても、目に見えるものが変化するタイミングで反応することが大切なのです。

もちろん走ってくる車には細心の注意を払わなければいけませんが、そのように日常の変化を大切にするということを、私は今でも心がけています。

さらに変化を意識するためには、それまでの時間を我慢して待つことも大事です。

その訓練をするには、時報があると便利です。チッチッチ……の間は待って、ポーンのタイミングで体を反応させる。

それはまさに、短距離走のスタートの瞬間でもあるのです。

フライングをしないようにできるだけ我慢して、スタートの合図とともに体の運動能力を一気に爆発させます。

そのように、**頭の回転と走ることが無関係ではない**ということを、心にとどめておいてほしいと思います。

日常生活から焦ることに慣れてみよう

短距離走に適したメンタルを身につけるためには、焦りに慣れることも大切です。

走りの中でも、こうした〝焦る〟という感情は非常に大切なのです。

なぜなら、**失敗というのは、焦りの中から生まれるものだからです。**

焦ってスタートで出遅れることもあるでしょう。相手に追い抜かれて体のバランスを崩

すこともあります。ゴールが見えてきたところで、逆転負けしてしまうこともある。

トップレベルのアスリートであっても、同じようなことはいくらでもあります。

自分が1位ではない限りは常に焦りながら走っているし、一人で走っているときも記録が常に頭にあって体に無駄な力が入ってしまうことがある。

〝焦る〟というのは、心の中に準備ができていないから起きる衝動です。

日ごろから焦る習慣を身につけておけば、レース中に何があってもすばやく対処することができます。

ですから、日常生活の中でも焦る状況をつくることもトレーニングになります。

私には息子が2人いますが、うちではどんな用事でもパッパッと済ませるように言っています。着替えをするときでも、「何秒以内にやりなさい」と言ってすべてカウントダウン。子どもをいい意味で焦らせているのです。

焦っていると靴下だってうまく履けません。大人であれば、急いで朝の支度をしているときほど、ネクタイが上手く結べないという経験をされた方もいるでしょう。

普段から焦りの状況に慣れていくことで、運動会の本番など、どのような状況になっても動じないメンタルを身につけていきましょう。

Chapter 2

走りがみるみる変わる！クイックレッスン

スタートダッシュ法、
神経系トレーニングなどを紹介。
速く走れるようになることを、
すぐに実感できるレッスンになります。

スタート改善!! 徒競走は最初の5歩で決まる

タイムを縮める効果があるのは、なんといってもスタートの改善です。

小学校の運動会で行われる徒競走は**「最初の5歩で勝負が決まる」と言っても、けっして大げさな表現ではありません。**

結果を見ると一目瞭然です。やはり、「よーい、ドン」でパッと前に出ている子がゴールでも上位になっています。

つまりスタートの時点で、ほぼ勝負は決まっているのです。

距離の短い50m走であれば、スタートで差がつくと逆転が難しくなります。さらに第1章でも触れましたが、出遅れるとメンタル的に焦りが生じて「負けるかもしれない」という気持ちになり、中盤からの巻き返しも期待できなくなります。

それだけにスタートでどれだけ無駄なく動けるかが勝負のカギを握ります。特に学年が低くなるほど改善しやすいポイントは多くなり、ちょっとしたことでタイムが変わってしまいます。

まずは、運動会でありがちなスタートの悪い例を見ていきましょう。それを参考にしながら、改善ポイントをチェックしていきたいと思います。

スタート　ありがちな悪い姿勢

●スターターのほうを見て、顔が横を向いてしまっている

スタートの合図（ピストルの音）に気を取られているのか、横を向いてスターターのほうばかり見ている子がいます。できるだけ早くスタートを切ろうとしているのかもしれませんが、これでは逆に出遅れてしまいます。

スタートの合図を聞いてから「ヨイショ」と顔と体を前に向けるだけで、少なくとも0.2秒はかかります。**短距離走で、0.2秒の遅れを取り戻すのは並大抵ではありません。**

そうした出遅れをなくすためにも、スタートのときは顔を常に進行方向に向けていることが理想です。横を向いていると、どちらに進むのかさえわかりません。

もしそういう子を目にしたら、「スターターの人が好きなの？」と冗談ぽく声をかけてあげてください。そうすると、子どもは照れ笑いを浮かべながら、プイっと進行方向に向き直してくれると思います。

●足を横向きにして構えている

足のつま先が、進行方向ではなく横を向いてしまっているケースがあります。

これは、一つのスポーツしかやっていない子どもにありがちな傾向です。

おそらく、そのスポーツ独特の体の動かし方が身についてしまっているのでしょう。

たとえば野球をやっていると、足を横向きにしてかまえることが頻繁にあります。もっとも多いのが、ベースランニングの姿勢。そういうかまえでスタートラインに立っている子は、もしかすると盗塁が得意なのかもしれません。

顔と同様に、足のつま先も進行方向に向けておいたほうが、すばやくスタートすることができます。

もし、50m走のスタートでそんなかまえをしているときは、「今からどっちに向かって走るの？」と声をかけて修正してあげましょう。

●体を後ろに引いてその反動で動き出そうとする

体を後ろに引いて、その反動で動き出そうとするのもよく見かける姿勢です。弓矢の原理で体を引いた反動を利用して、前への動き出しに弾みをつけるという発想でしょう。ですが、短距離走のスタートに、そういった効果はありません。

むしろ、体を引いた分だけ、スタートの動き出しはほかの人より遅くなります。そうすると、**スタートの動きに大きなロスが生じるのは、火を見るより明らかです。**

これを改善するには、後ほど紹介する「スタート　３ステップレッスン」が効果的。ぜひ、トライしてみてください。

ここで紹介した３つの例は、どれもが運動会では本当によく見かけるスタート姿勢です。無駄のある動きではありますが、逆に言えばこれらの動作を改善するだけでタイムは大幅に縮まります。

重要なのは、**顔と足のつま先を進行方向に向けておくこと。**さらに、**スタートの音に耳で反応して、すばやく動き出すことです。**

シンプルですが、できていない子が多いのも事実。でも、だからこそ改善の余地があって、走ることが楽しくなるのではないでしょうか。

3ステップで身につく! スタートダッシュ法

ここまでスタートのちょっとした改善ポイントを確認してきましたが、ようするにスタートというのは〝静〟から〝動〟への動き出し。自然に一歩目を踏み出すことが重要なわけです。

しかし、いざ改善しようと「自然なスタートをしてごらん」と言ったところで、余計な力が入ってしまい逆に不自然な動きになってしまいます。保護者やコーチのアドバイスが逆効果になることもあるでしょう。

そこで、**だれもが自然なスタートを、3ステップで身につけられる「スタートダッシュ**

法」を紹介していきたいと思います。

第1章のやる気アップの5つの教えでも言いましたが、子どもには「できた！」と思わせることが大切で、スタートの習得も簡単なものから難しいものへ、徐々にレベルを上げていくようにします。

まずは、スタートの動きを細分化してみましょう。

スタート姿勢で、腕と足の構えを省くと、どういった動きになるでしょうか。

それが、〝直立姿勢で体を斜めに倒していく〟動きです。

地面にしっかりと足をつけて前に倒れ込む意識を持ち、自然に一歩目を踏み出せるようにする。この動きがスムーズな動き出しにつながっていくのです。

これに腕の構え、足の構えが加わったものが、スタート姿勢になります。

ですから、「スタートダッシュ法」の1ステップ目は、この斜めに倒れる動きを覚えていきます。

2ステップ目で足を前後に構えて、ステップ1と同じ動きでスタートを切る。

最終段階の3ステップ目では、両腕も構えて、実際のスタート姿勢になっていきます。

ステップ❶直立の姿勢から

両足をそろえてスタートラインにまっすぐ立ち、背すじを伸ばしたまま少しずつ体を前に倒していきます。このとき、腰は「くの字」に折らず、直立の姿勢を維持したまま倒れそうになるまで我慢します。拇指球《ぼしきゅう》が地面から離れそうになったら片足を踏み出し、そのまま走り出します。

ステップ❷足をかまえて

足だけを前後にかまえて、体を少しずつ前に倒していきます。足のかまえは、ステップ❶で先にふみ出したほうの足を後ろにしてください。左足が前に出たらスタートでのかまえは左足が後ろになります。右足が前に出たらスタートでのかまえは右足が後ろになります。この場合もできるだけ直立の姿勢で我慢し、後ろ足が地面から離れそうになったらスタート。そのままスムーズに走り出します。

スタートダッシュ法

1 直立の姿勢から

両足をそろえて直立し、体を前に倒す。倒れそうになったら、片足を前に踏み出し、走り出す。

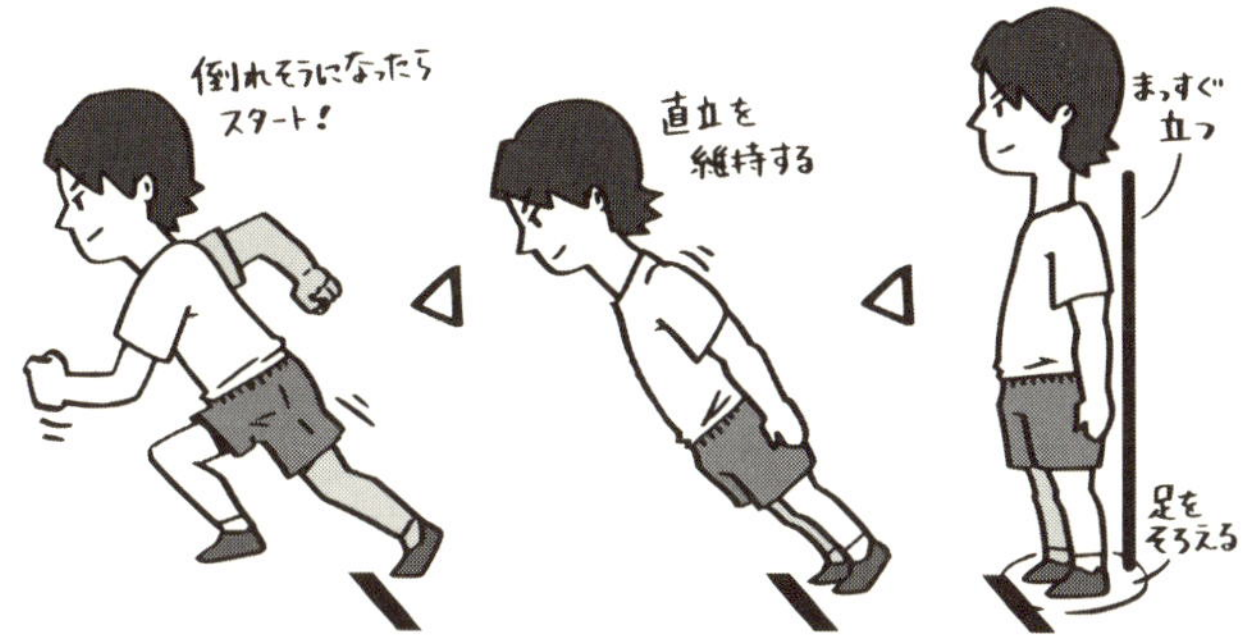
まっすぐ立つ
足をそろえる
直立を維持する
倒れそうになったらスタート！

2 足をかまえて

足だけを前後にかまえて体を前に倒す。倒れそうになったら、片足を前に踏み出し、走り出す。

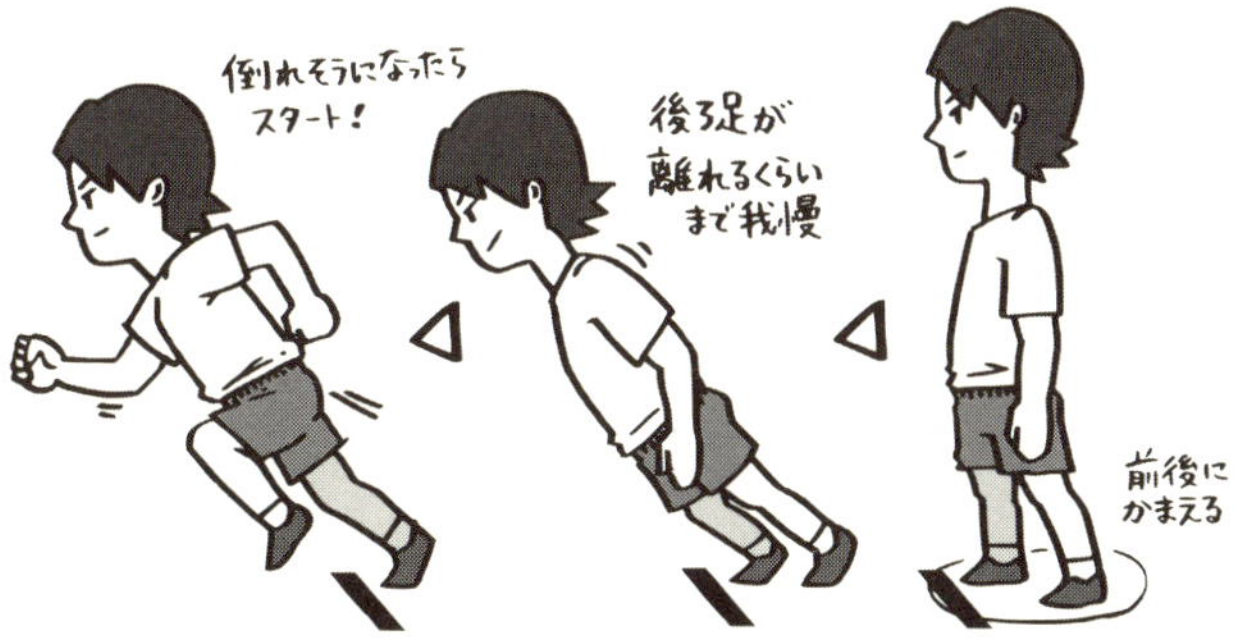
前後にかまえる
後ろ足が離れるくらいまで我慢
倒れそうになったらスタート！

3 実際のスタート

手と両足をかまえて体を前に倒す。倒れそうになったら、片足を前に踏み出し、走り出す。

両手と足をかまえる
①②と同様に体を倒す
倒れそうになったらスタート！

ステップ❸実際のスタート

両手と両足を実際にスタートするときと同じようにかまえ、体を少しずつ倒していきます。ステップ❶とステップ❷の動きを思い出しながら、後ろ足が地面から離れるタイミングでスタート。そのままスムーズに走り出します。

どうでしょうか。この「スタートダッシュ法」で、ほとんどの子がスムーズなスタート姿勢を身につけることができます。スタートのようにさまざまな要素が組み合わさっている動きでも、細分化してステップアップしながら習得していくことで、自然なスタートが身につくようになるのです。

本番を想定してのスタート練習

スタート練習のステップ❶からステップ❸までができるようになったら、実際のレースを想定して練習してみてください。

はじめにスタートラインでかまえて、自分のタイミングでスタート。走り出したら少しずつスピードを上げていきます。走る距離は、練習を重ねるに従って徐々に延ばしていけばいいでしょう。

ここまでできれば、正しいスタートはほとんど身についたようなものです。最後はだれかに合図をかけてもらい、本番さながらにスタートから走り出します。

ポイントはスタートの合図に耳で反応すること。スターターを目で確認するとスタートの姿勢が崩れるので注意してください。無駄のない動きでスタートできると、スムーズにスピードを上げていくことができます。余分な体力を消耗することもなく、最後までスピードを落とさず走り抜けることができるでしょう。

理想のスタートの姿勢をチェック

理想のスタート姿勢についても説明しておきます。

スタートで大切なことは、先に述べたように「はじめの一歩を自然に踏み出すこと」です。それを踏まえたうえで、意識するのは次の通り。

上半身 ＝ 猫背にならないように注意して自然と前に傾ける。
目線 ＝ スタートラインよりもやや前方を見る。スタートの合図は音に集中する。
腕 ＝ ひじを90度に曲げたりせず、力を抜いて自然にかまえる。
前足 ＝ つま先は進行方向に向ける。
後ろ足 ＝ 前足に体重がかかっていることで、かかとが自然と浮いている状態にする。

運動が得意な子どもは、はじめから走ることに対してポジティブなイメージを持っています。それは徒競走で勝ったときやいい記録を出したときのうれしい気持ちが、記憶となって残っているからでしょう。
一方で、足が遅い子どもはスタートラインに立った時点で、すでに悪い感情に取りつかれています。「しんどい」「どうせ負ける」「かっこ悪い」などそうした感情が不安になり、スタートの音に対する反応も鈍くなります。

理想のスタート姿勢

目線
スタートラインよりもやや前方を見る。スタートの合図は音に集中する。
上半身
猫背にならないようにして自然と前に傾ける。
腕
ひじを90度に曲げたりせず、力を抜いて自然にかまえる。
前足
つま先は進行方向に向ける。
後ろ足
前足に体重がかかっていることで、かかとが自然と浮いている。

そして、最初に出遅れてしまうと、残りの距離を走る意欲も失ってしまうのです。

しかし、スタートの姿勢をちょっと変えるだけで、見違えるほど速く走れるようになります。そうするとタイムも縮まり、さらに自己ベストを更新しようとどんどん走りたくなるに違いありません。

神経系トレーニングで走力アップ！

スタート練習の次は、**シンプルな動きで効果がある神経系トレーニング**を紹介していきます。

速く走るために、意識してほしいのが、神経系を鍛えることです。

神経系と聞くと難しそうなイメージを持つかもしれませんが、神経系とは情報の伝達と処理を司る器官のこと。俗に言う「運動神経がいい人」というのは、この器官が発達している人のことを言います。

神経系を鍛えることで、

◎だれかの合図で体を動かす
◎脳からの指令を体に伝えて実際に動き出す

という、2つの過程をうまく連動させていくことができるようになります。

そしてこの神経系は、ジャンプする動き（P58～「ラダートレーニング」）や、合図と同時に長座やうつ伏せといった姿勢から走る（P68～「変形ダッシュ」）といったように、簡単な動きから鍛えることができます。

具体的な内容を説明する前に、神経系が向上すると、これだけタイムが縮まるのだという例を紹介します。以前、私が出演させてもらった、あるラジオ番組での話です。

その企画とは、それまで50mを走るのに10秒以上もかかっていた30代女性を「2週間で速く走れるようにする」というものでした。

そのときにやったのが、神経系のトレーニングです。

マス目が連なっているラダーを使用して、足を閉じたり、前後左右に開いたり、腰をひねってジャンプしながら進むなど、この後に紹介するものと同じようなメニューを繰り返しました。

ようするに、脳に入ってきた情報に対して、すぐに体が反応できるようにしたのです。

また、それに加えて、スタートの方法と歩き方を指導しました。

そうして2週間後に50m走のタイムを計ったところ、それまで10秒以上かかっていたタイムが8秒台まで縮まったのです。

すでに骨格が完成されている30代の女性でもこれだけの効果があったのです。成長過程の子どもであれば、効果はあっという間に表れるでしょう。

ラダートレーニング　その場でジャンプ

神経系トレーニングのうちの一つである、ラダートレーニングの方法を説明していきましょう。

このトレーニングでは、**頭と体を連動させやすくすることはもちろんですが、ほかにも、体幹を意識できるようになるという効果があります。**体幹というのは文字通り、体の

「幹」になる部分で胴まわりを中心とした部分を指します。
つまり、体のバランスを整えるうえで、最も重要になる体の中心部分のことです。

最近は体幹トレーニング、コアトレーニングという言葉も主流になっているように、この部分が強ければ全身の筋肉を効率的に使うことができるようになります。

ラダートレーニングも、まずは簡単な動きからはじめていきます。マス目を一つだけ使った**「その場でラダートレーニング」**から行ってみましょう。

ラダーは、スポーツショップなどでも購入することができます。ラダーが手元にないときは、地面に線を書いたり、ひもを敷いたりして、マス目を作ってみましょう。

ラダーの一マスのサイズは、大人の靴を四足並べた程度を基準にして、子どもの身長や能力に合わせて、大きくしたり小さくしたりしてください。

ラダー

ラダーは、トレーニング用品として販売されていますが、土の地面に線を書いたり、ひもやロープで代用することもできます。一マスのサイズは大人の靴を４足並べた大きさを目安にしてください。子どもたちそれぞれに合ったサイズがあるので、ある程度負荷がかかりながらも、やりやすい大きさを見つけてあげてください。

その場でラダートレーニング❶ 前後ジャンプ

はじめに両足をそろえたまま、ラダーのマス目に向かってジャンプ。着地したらそのままの姿勢ですばやく後ろに戻ります。マスの中に両足がしっかりと入るよう確実に行うことが大切です。リズミカルに繰り返し、徐々に体を速く動かしていきます。

その場でラダートレーニング❷ サイドジャンプ

両足をそろえて体を横向きにしたままラダーの横に立ち、そのままの姿勢でラダーのマス目に向かってジャンプします。その動きを繰り返し行っていきます。

その場でラダートレーニング❸ 開脚ジャンプ

両足を広げてラダーをまたぎ、ジャンプしながら両足を閉じてマスの中に入れます。これをリズミカルに連続で行います。スピードを上げたときにラダーを踏んづけてしまったり、閉じた両足がマスの中に入らなければ効果は半減します。はじめはゆっくりでもいいので、正確にジャンプすることを心がけましょう。

その場でラダートレーニング❹ クロスカントリー

両足を前後に開き、ラダーをまたいだ状態からジャンプ。空中で左右の足を入れ替えて着地します。これをリズミカルに繰り返します。スピードが上がったときにラダーを踏まないよう、丁寧に跳ぶことを意識してください。

その場でラダートレーニング❺ ツイストジャンプ

ラダーのラインをまたいだ状態でかまえ、真上にジャンプして体を１８０度回転。体の向きを入れ替えて着地したら、すばやくジャンプして今度は逆方向に１８０度回ります。腰をひねったときの反動を利用してリズミカルに反復します。着地する位置ができるだけ変わらないよう、正確に行うことがポイントです。

その場でラダートレーニング

① 前後ジャンプ

10回×3セット

ラダーの1マスを使用して、その場で前→後ろとジャンプを繰り返す。

前へ跳ぶ
後ろへ跳ぶ
再び跳ぶ

② サイドジャンプ

10回×3セット

ラダーの1マスを使用して、その場でサイド→真ん中とジャンプを繰り返す。

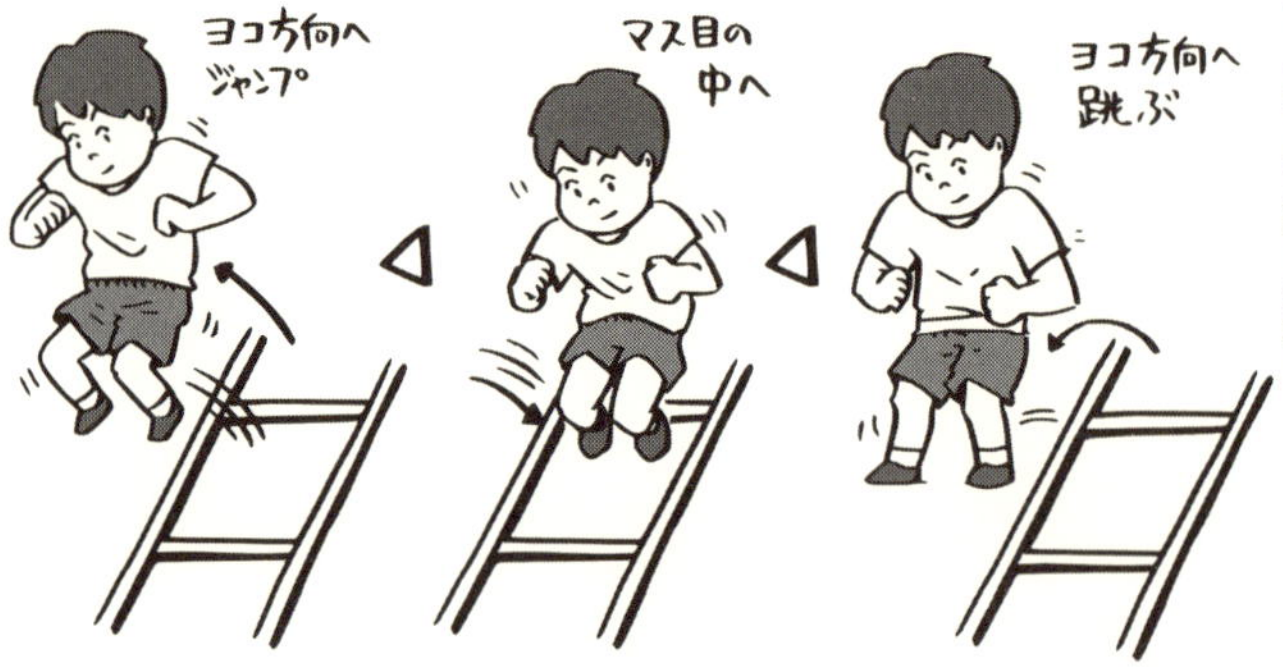
ヨコ方向へ跳ぶ
マス目の中へ
ヨコ方向へジャンプ

③ 開脚ジャンプ

10回×3セット

ラダーの1マスを使用して、その場で両足を開いて閉じて、ジャンプを繰り返す。

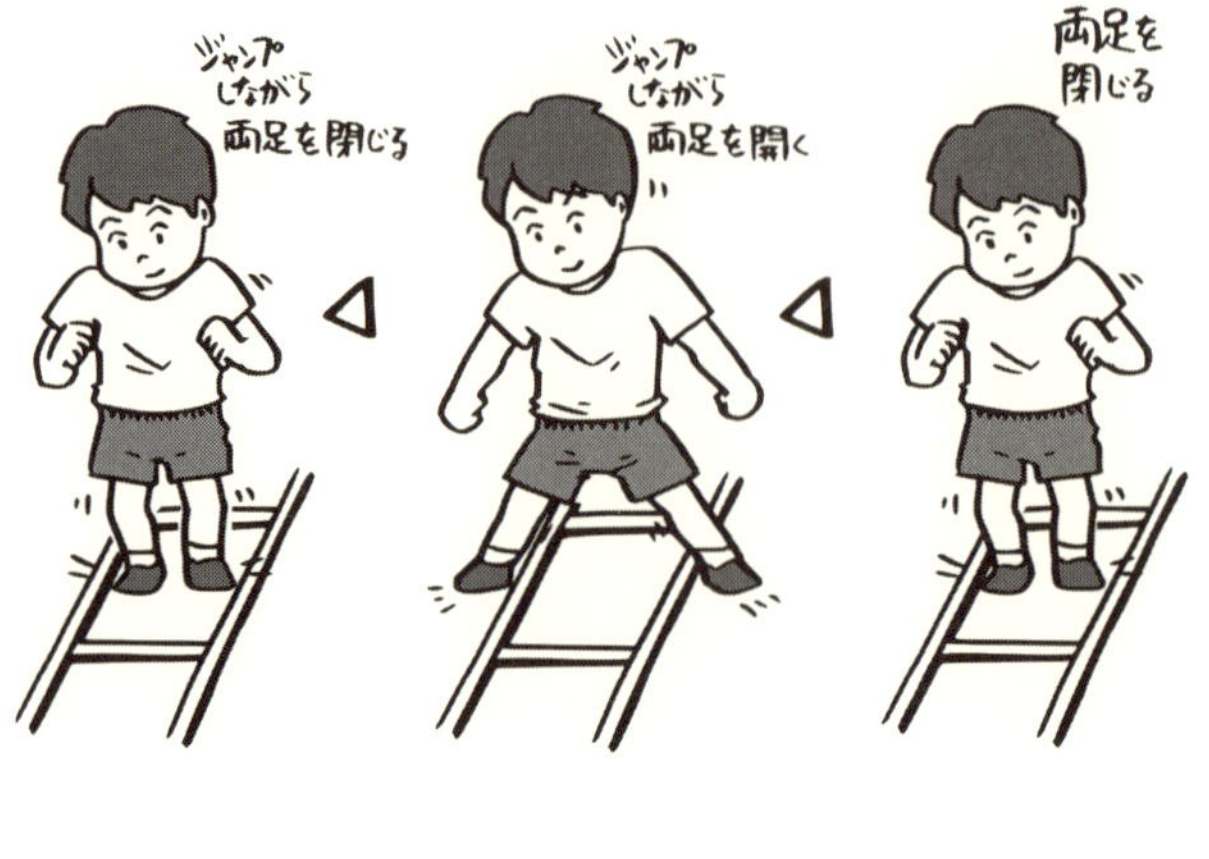
両足を閉じる
ジャンプしながら両足を開く
ジャンプしながら両足を閉じる

4 クロスカントリー

10回×3セット

ラダーの1マスを使用して、両足を前後に開き、空中で左右の足を入れ替えて着地。

ラダーをまたいでかまえる
空中で左右の足を入れ替える
上半身を使ってバランスを保つ

5 ツイストジャンプ

10回×3セット

ラダーのラインをまたいで、真上にジャンプして体を180度回転させる

ラダーをはさむように立ってかまえる
体をひねりながら真上にジャンプする
体の向きを替えて180度回転する
上半身の反動を利用してジャンプ
リズミカルに反復していく

「その場でラダートレーニング」の回数の目安は10回×3セットですが、慣れてきたらアレンジしてもいいでしょう。たとえば5秒間で何回跳べるかを記録しておけば、自分がどれだけ上達したかを確認することができます。

ラダートレーニング　前に進んでいく

マス目を一つだけ使ったトレーニングに慣れてきたら、マス目を増やして前に進む動きを加えて、**「前進ラダートレーニング」**を行います。マス目を書き足したり、ラダーを縦にしたりして、マス目を増やします。

前進ラダートレーニング❶両足跳び

両足をそろえてリズミカルに跳びながら前進します。腕を使って全身で大きく跳ぶのがポイント。はじめはゆっくりと丁寧にジャンプし、慣れてきたら徐々にスピードを上げていきます。タイムを計ったり、ラダーを2つ並べて友だちや大人と競走すると飽きずにチャレンジできるでしょう。

前進ラダートレーニング❷ケンケン

片足だけでラダーを跳びます。足元を見すぎると猫背になりやすいので、目線はなるべく進行方向に向けるようにしましょう。足の裏でしっかりと地面をおさえていることを意識しながら前に進んでいきます。得意な足だけでなく、2回目は反対側の足でやるなど、必ず両足を使ってください。

前進ラダートレーニング❸ケンケンパ

ラダーでケンケンパをしながら前進します。片足の姿勢から足を左右に広げます。得意な足だけではなく、両方の足で行ってください。「ケン、ケン、パッ」と声に出すのも、楽しみながら体を動かすのがコツです。

前進ラダートレーニング

1 両足跳び

10m × **2**セット

両足をそろえて
跳びながら前進する。

2 ケンケン

10m × **2**セット

片足だけでラダーを跳ぶ。
目線はまっすぐにする。

3 ケンケンパ

10m × **2**セット

ケンケンパを
繰り返しながら前進する。

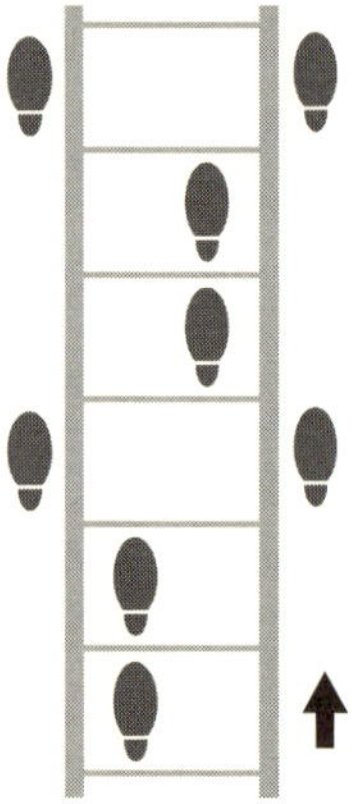

4 開いて閉じて

10m × **2**セット

両足を開いて閉じてを
繰り返しながら前進する。

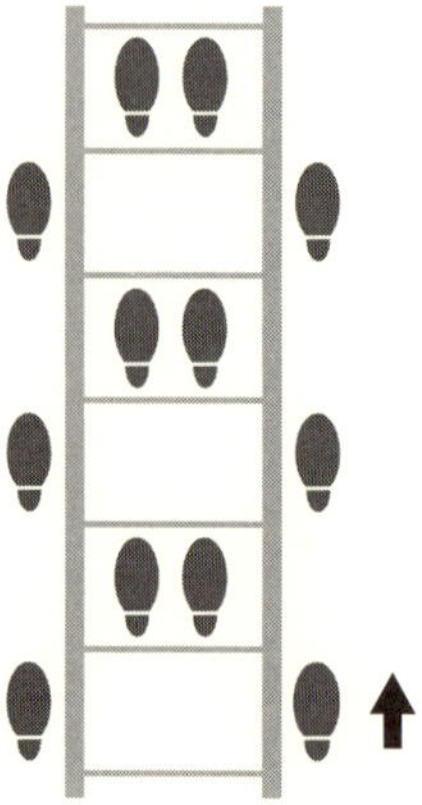

5 ラテラル

10m × **2**セット

両足を開いたまま、
斜めに移動していく。

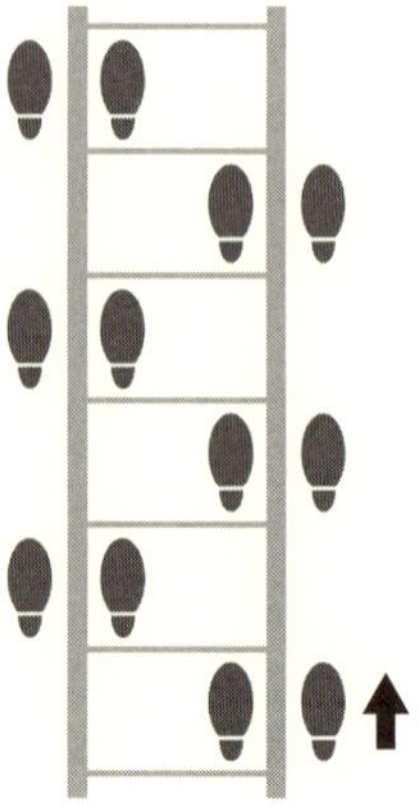

前進ラダートレーニング❹ 開いて閉じて

マスの中に両足を入れた状態からスタート。ジャンプしながら足を開き、一つ前のマスの外に足を置きます。すばやく足を閉じてマスの中に両足を入れ、それをリズミカルに繰り返します。足を横に開くことによって、お尻や股関節の柔軟性を高めることができます。

前進ラダートレーニング❺ ラテラル

開いた両足の幅を一定に保ったまま、斜め前方に移動していきます。ジャンプ中はリラックスし、次の動きを準備しておくことがポイントです。スムーズな体重移動を養うことで、コーナリングに必要な動きも身につけることができます。

変形ダッシュで瞬間的な動きを習得する

神経系トレーニングの一つとして、次に**「変形ダッシュ」**を紹介します。やり方は簡単。正座や長座、うつ伏せ、回転などの姿勢からスタートするだけです。不安定な体勢からのダッシュになります。

普段、行わない動きをすることで、俊敏性も養うことができます。変形ダッシュは、スタートの合図に対して体を早く反応させるものです。やっているうちに得意なものと苦手なものが出てくると思いますが、できないからと言ってそれほど心配することもありません。

難しければ、**まずは合図に合わせてスタート姿勢になることからはじめてみる**こともいいでしょう。

たとえば、「お母さんが合図をするから、音を聞いたらその場で長座になってごらん」という具合でやってみます。

何度か繰り返していき、次はうつ伏せ、体育座りなど、いろいろな動きができるように

してみてください。
また、慣れてきたら、「手を1回たたいたら長座」「手を2回たたいたらうつ伏せ」というように、違った合図をランダムに織り交ぜて体の動きを変えてもおもしろいと思います。
さまざまなパターンで練習を繰り返し、最終的にはどのような状況であっても体が自然と動き出せるようになることが理想です。

変形ダッシュ❶長座から

スタートラインにかかとを乗せた状態でひざを伸ばし座り、スタートの合図と同時に立ち上がって前方に走ります。はじめは立ち上がって一歩目が出たところで終了してもかまいません。いかにスタートの合図と同時に体が反応できるかがポイントです。慣れてきたら立ち上がったあとに30m走るなど、徐々に距離を伸ばしてもいいでしょう。最終的には、手を使わず立ち上がれるようになりましょう。

変形ダッシュ❷うつ伏せから

うつ伏せの姿勢から、スタートの合図と同時に立ち上がって走ります。頭の位置は前でもいいし、慣れてきたら後ろ向きからスタートしてもおもしろいでしょう。やり方をいろいろと考えて、工夫してみてください。

変形ダッシュ❸ 1回転してから

スタートの合図と同時に、その場でジャンプして360度回転して走ります。もし途中でフラフラするようなら、はじめは回転だけで終了してもかまいません。あるいはスタートラインを背にした状態から180度回転するだけでもいいでしょう。

これらのメニューはいつも私が陸上教室でやっていることですが、やり方は自由にアレンジしてもかまいません。

スタートの合図を出す人がフェイントをかけてもいいと思います。あるいは、「走り出した瞬間に『後ろ！』と言われたら後ろ向きに走る」などのルールを決めて、子どもたちを飽きさせないように工夫してください。

ビーチフラッグのように数人で競ってみるのも楽しいでしょう。競争意識も養われ、効果も非常にアップします。

そして、私がいつもおすすめしているのは、変形ダッシュを裸足でやってみるということ。もちろん周りに危険物が落ちていないことが大前提ですが、裸足で土の感触を確かめ

変形ダッシュ

1 長座からのスタート

両足はしっかりと伸ばし、両手を地面につけた姿勢でかまえる。正座でのスタート方法もあり。

2 うつ伏せからのスタート

手はあごの下につけた姿勢でかまえる。仰向けでのスタート方法もあり。

3 1回転してからのスタート

1回転できているかどうかをチェック。2回転と回転数を増やしても OK。

ながら運動するのは体にとてもいいものです。

また、砂浜や芝生を走ると、ふわふわしてとても気持ちがいいうえに、足腰の強化にも効果が見込めます。

バランス感覚が養われ、地面をしっかりとつかむことで足の指を鍛える運動にもなるので、ぜひ試してみてください。

Chapter 3

気になる！子どもと走りのこと

すべてのスポーツに通じる運動能力は、走ることから。
意外と知られていない
子どものカラダのことを解説します。

長友選手の走りはアスリートとして理想的

サッカーをよく知らない人でも、長友佑都《ゆうと》選手のことは知っている人が多いと思います。日本代表の一員として２０１０年に行われた南アフリカW杯に出場しました。その翌年にはイタリアの名門クラブ、インテル・ミラノに移籍してレギュラーを勝ち取った選手です。

もちろんサッカー選手としての才能もあったのでしょうが、実は彼の走りというのはアスリートとして理想的でもあるのです。

それはなぜでしょうか。

一つは**試合時間の90分を通しても、走っているときのスライド（歩幅）があまり変わらない**ところです。

人間というのは、疲れると大腿部《だいたいぶ》（太もも）が動かなくなって自然とストライドが小さくなってきます。

そこからさらに疲労が蓄積されると、ストライドがさらに小さくなっていくというメカ

長友選手の走り方は
アスリートとして
理想的です！

ニズムになっているのです。

しかし長友選手は、**試合の中でどれだけ走っても、ストライドの大きさがほとんど変わることがありません。**

また、タテヨコの動きに関係なく、動き出しのスピードが非常に速いのも大きな長所です。

0から1へ一気に加速できるというのは、サッカーでも大きな武器になります。

長友選手が体幹のトレーニングをしている姿をよくテレビで見かけますが、彼は自分の体のことをよく知りつくし、意識して取り組んでいることがうかがえます。

身長も170㎝程度ですから、けっして体格に恵まれているとは言えません。ストライドも大きいわけではないし、だからといって脚の回転が速いかというとそうでもない。しかし、走り方は抜群にきれいです。

非常に効率的な走りによって、瞬く間に世界の名門クラブまで上り詰めた長友選手。世界のトップレベルで活躍している理由の一つとして、正しい走り方をしていることがあげられるのは間違いないでしょう。

走ることはすべてのスポーツに通じる運動能力

私は常々、**「すべてのスポーツに通じる運動能力は走ることから！」**と言っています。

そしてこれは、『ヴィッセル神戸アスレチッククラブ』でも掲げている大きなテーマでもあるのです。

たとえばサッカーは、試合の展開がきわめて速い。相手からボールを奪ったらすばやく攻撃しないといけないし、逆に奪われたらただちに守備をしなければいけません。

たとえボールがないところでも、常にスペースや試合の展開を考えて走らなければいけ

ないのです。

野球の場合、走ると言って真っ先に思いつくのがベースランニングです。

ピッチャーが投げたボールを打ったあとに1塁まで走りますが、打球が外野まで抜けたら2塁、3塁を目指して走ります。

そのときのストライドをイメージしてください。1塁ベースをけったあとのストライドは大きいですが、2塁、3塁ベースに近づくにつれて自然と小さくなっていくはずです。

ベースを回るときは小回りを利かせなければいけません。そのため、ストライドを小さくしてピッチを上げ、スピードを落とすことなく最短のコースを走り抜けるのです。つまり、イチロー選手のように盗塁を得意とする選手は、ストライドを変化させるテクニックが非常に優れていると言うことができます。

もう一つ例をあげると、バスケットボールは走りのオンパレードです。

相手を振り切るためにスピードに変化をつけないといけないし、急に止まったり、ジャンプしたりすることも頻繁にあります。試合中は常に動いていないといけないので持久力も欠かすことができません。

トップレベルで活躍するアスリートは、その競技に必要な動きをするために正しい姿勢とバランスを備えています。走っているときも体の軸がぶれず、足の裏でしっかりと地面をとらえている。そうして自分の体を効率よく動かし、プレーの幅を広げているのです。

ところが**一部のアスリートは、とても非効率的な走りをしているように感じます。**たとえばサッカーでは急に脚の回転を上げなければいけない場面がありますが、そんなときも腕を振らずに足だけを一生懸命回している。

「ああ、すごく疲れる走り方をしているなぁ」

それが私の感想です。

まるで、水泳で息つぎをせずに行けるところまで行くようなものです。

正しい走り方ができていない人は、どうしても肉離れなどのケガも多くなります。ですから、どのようなスポーツでも走りは基礎的な技術となり得るのです。

さまざまなスポーツを行うメリット

アスリートの中にも、非効率的な走り方をしている人がいる要因として、走りの基礎ができていないことに加えて、一つのスポーツの特殊な走り方しかしていないこともあると思います。

ですから、子どものころには、一つのスポーツだけではなく、さまざまなスポーツを行うことをおすすめします。

実を言うと、私は小学校の低学年くらいまで、それほど足が速いほうではありませんでした。ところが、水泳をはじめるようになってからでしょうか、少しずつ運動能力が上がってきたのです。おそらく水泳の全身運動がよかったのだと思います。

また、あのころを思い返すと、本当にいろいろなスポーツをやっていたものです。サッカーも小学校4年生から6年生まで続けました。

それから、私にとって幸運だったのは、緑に囲まれた環境で育ったことです。毎日のように友だちと自転車で森林公園に行ったり、野山を駆け回ったものです。鬼ごっこやかくれんぼなど、今ではあまり見かけなくなった遊びもよくしました。そうした中で、身のこなし方や基礎的な体力が自然と身についたのだと思います。それらの経験から、私が指導する陸上教室では子どもたちによく他のスポーツをやらせます。

その利点は、**陸上以外のいろいろなスポーツをすることで、さまざまな体の動かし方を覚えられることです。**何より、いろいろなスポーツをやる一番のメリットは、自分の可能性を広げられることです。

私が子どものころにサッカーをやっていてよかったと思うのは、それまではぼんやりとしか考えていなかった自分の性格が明確にわかったことです。

さらに、ボールコントロールは苦手だったけど、走らせたら速いという自分の長所を見出すことができました。

勝ったときの喜びや負けたときの悔しさや、メンバーに入れるか入れないかの緊張感を体験できたことも、私にとってはよかったと思います。

足の指で地面をつかむことができますか？

ギュッと閉じてグー、開いてパー、親指と人差し指を開いてチョキ――。

実は最近、**このように足の指を開いたり閉じたりできない子どもが増えているようです。**

その原因は、外で遊ぶ機会が減ったことや、履いている靴が合っていないなど様々。日ごろの生活習慣も影響を及ぼしているように感じます。

たとえば家の中でスリッパを履いている家庭もあると思います。そのとき、どのような歩き方になっているでしょうか。

正しい歩き方をしようとすると、スリッパのかかとが床に当たってペタペタという音が鳴ります。

すると、お母さんに「ペタペタ歩かないで！」と言って叱られる。

音が鳴らないように気をつけて歩いていると、いつの間にかつま先から着地するなど間違った歩き方になってしまうのです。

そこでおすすめしたいのが、裸足での生活です。**裸足は正しい走り方を形成するうえでも非常にメリットが大きいのです。**

うちの次男が通っている幼稚園は裸足で走らせるのですが、裸足で走っている子どもの動きというのは、すごくきれいです。

子どもというのは、「うわ、転びそう」と思っても転ばないバランス感覚を持ち合わせているものです。

周りで見ている大人からすれば「危なくないかな」と心配になるかもしれませんが、静止画像で見ると最後までしっかりと土をとらえている。たとえ転びそうになっても、全身をうまく動かしてバランスを立て直しているのです。

人間は本来、地面をつかんで離すという動きを繰り返して歩くものです。正しい姿勢で歩けば、かかとから着地するのは当たり前です。それがスリッパを履くことで誤った歩き方のクセがついてしまうのであれば、デメリットのほうが大きいように感じます。

正しい姿勢を身につけるためにも、安全な場所であればやはり子どもには裸足で歩かせてあげたいものです。

土踏まずって絶対に必要なの？

土踏まずのない子どもも増えていると言われています。いわゆる偏平足《へんぺいそく》です。

土踏まずの利点は足裏のアーチ形状がクッションになって、ひざや股関節《こかんせつ》にかかる衝撃を和らげることです。

生まれたばかりの赤ちゃんに土踏まずはありませんが、元気に歩き回る3〜4歳になるとある程度のアーチが形成されます。そして、8〜10歳でほぼアーチは完成します。

土踏まず

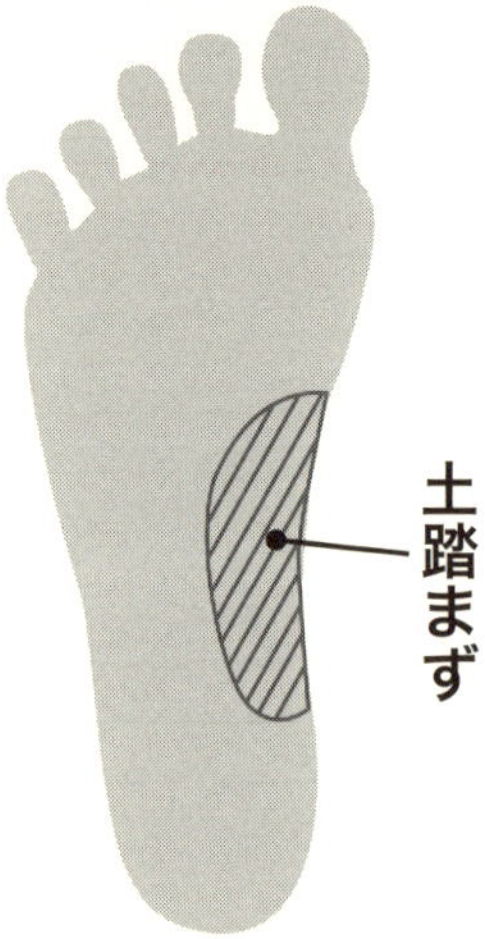

●土踏まずの利点

足裏のアーチ形状がクッションになって、ひざや股関節にかかる衝撃を和らげる

3～4歳

足裏にある程度のアーチが形成される。

8～10歳

足裏のアーチがほぼ完成される。

偏平足だと、正しい姿勢での歩き方、走り方に影響を及ぼす可能性があります。

偏平足を防ぐためにも、やはり子どものころから外で遊ぶことが重要です。

近くに安全な砂浜や芝生があれば、ぜひ裸足で遊ばせてみてください。

また、先述した足指ジャンケンがおすすめです。**足の指を動かすことで機能が活発になり、土踏まずの形成を手助けしてくれます。**

ただし、足が速い人の中には、地面をつかむ筋肉が発達して土踏まずの部分が横に広がることがあります。

そうすると、偏平足と同じように見えます。実は私もそのような足の裏なのです。

ですから、土踏まずがないからといって、一概に偏平足だと診断することはできない、ということをつけ加えておきます。

足の速さは遺伝する？

「足の速さは遺伝するのですか？」

陸上教室を訪れた親御さんから、そんな質問を受けることがあります。

自分の足の速さ・遅さが、子どもに影響があるのかは気になる点だと思います。

しかし、こればかりは「Ｙｅｓ」とも「Ｎｏ」とも言い切ることができません。

確かに筋肉の質や身長などの身体的な特徴は親から受け継ぐものが多く、それによって走りに影響を与えることもあるからです。

ですが、足の速さは遺伝だけで決まるわけではありません。

小学生は発育の問題があるし、子どものころは短距離が得意だったけど、大人になったら長距離が得意になったという人もいます。

また、たとえ到達点は同じでも、そこに至るまでにかかる時間は人によって異なります。

たとえば、ウサイン・ボルト選手は15歳くらいで日本記録よりも速いタイムで200mを走っていました。一方で、私が10秒00の日本記録を出したのは28歳のときでした。

ですから、**速く走れるチャンスはみんなが持っていると言えるのです。**

繰り返しになりますが、大切なのは神経系の発育・発達がほぼ完成に至る12歳ごろまでに、たくさんのスポーツを経験しておくことです。

幼稚園の年長（5、6歳）から小学校低学年（7、8歳）までの年代が、「プレ・ゴールデンエイジ」と言われています。

脳・神経系の発達が急速に進んでいる年代で、いわゆる感受性が最も高い時期です。この年代でさまざまな運動を経験させることによって、その後もスポーツが得意になるか否かが決まってきます。

筋力が備わっていないためバランスは不安定ですが、「走る」「跳ぶ」「ボールを投げる」「ボールをける」といった動きを十分にやっておいてください。鬼ごっこや木のぼりなどの遊びを取り入れるのも一つの方法です。

そして、**9～12歳までが「ゴールデンエイジ」と呼ばれ、この年代で神経系はほぼ完成に至ります。**

技術を習得しやすい年代のため、**「即座の習得」の能力を持つ**とも言われています。

神経系は一度でき上がるとなかなか消えず、この年代に覚えた技術は忘れることがありません。

大人になっても自転車に乗れたり、ちょっと練習すれば逆上がりができるようになるのはそのためです。

この年代は、陸上においても「財産」と呼べる技術を習得できる大切な時期でもあります。

また、それまでできなかったことが初めて「できた」ときの感激や、初めて履いたシューズの感触、初めて競技場を走ったときの感動など、たくさんのスポーツをすることによって得られるものがぎっしりと詰まっている年代なのです。

室伏選手は短距離のダッシュでもトップクラス

陸上競技にはさまざまな種目があります。

100mや400mなどの短距離走、5000mやマラソンなどの長距離走。またフィールドでは走り幅跳びや棒高跳びなどの跳躍種目、ハンマー投げややり投げなどの投てき種目があり、それらを合わせた十種競技などの混成種目があります。

そのすべてに〝走る〟という動作が含まれているわけですが、もしも子どもが一つの種目を専門でやっていきたいと言い出しても、長く競技を続けるためにはやはりいろいろな種目をやっておいたほうがいいと私は思うのです。

限られた年代でしか獲得できない体の作りというのはあるものです。私たちの時代でも、冬になったら体力をつけるために長距離を走りなさいとよく言われました。

たとえば北京五輪の4×100mリレーで銅メダルを獲得した朝原宣治《のぶはる》さんは、中学時代はハンドボールで全国大会まで勝ち進んだことがあるそうです。それから高校生時代には走り幅跳びをやっていたのですが、助走があまりにも速いということで100m走もや

ってみたら、大会でいきなり日本記録が出たというパターンです。

あるいはハンマー投げの室伏広治選手は、おそらく短い距離のダッシュを走らせたら日本でもトップクラスだと思います。

それだけの筋肉もあるし瞬発力もある。何より、頭の回転が非常に速い。

子どもであれば、その可能性はどこに転がっているかわかりません。

そうしたケースもあるので、小・中学生年代ではあまり種目に特化しすぎず、さまざまな要素を含んだ練習をするのがいいと思います。

何よりも、無限の可能性を秘めた子どもには、失敗を恐れずチャレンジさせてくだ

さい。

中には「この指導者に学びたい」「友だちがやっているから」という些細な理由で才能を開花させる選手もたくさんいます。子どもには選択肢はたくさんあると思い込ませることが大切です。

正しいトレーニングで素質が開花

先ほども述べましたが、私自身も小学生のころは水泳やサッカーなどいろいろなスポーツをしていました。必ずしも陸上を専門に育ってきたわけではないのです。

そして、12歳から14歳にかけて身長が20㎝近くも伸びました。そこで体力がついたり、たくさんの人と出会うことによって、自分がどういうスポーツに向いているのかを知ることができたのです。

ただし、この時期にやり方を間違えると、かえってスポーツが嫌いだという思いを抱いてしまう子どもがいることも忘れてはいけません。

だからこそ、ゴールデンエイジというのは、子どもの成長過程の中でも最も大事な時期なのです。

一方で、中学生になったら足は速くならないのかというと、もちろんそんなことはありません。中学生以降の青年期はトレーニングの内容が影響を及ぼします。

正しいトレーニングによって素質が大きく開花することもあれば、間違ったトレーニングでせっかくの素質が台無しになってしまうこともある。

また、第1章でも話したことですが、走ることはメンタルも大きく影響します。

12歳くらいまでは心理的な要素も発達するのですが、もしその過程で「ダメだ」という烙印を押されると、走っていても余計なことばかり考えるようになります。

あるいは「トップアスリートになれ」と周りから言われ続けると、その子の負担になることもあります。

そうして子どもにプレッシャーをかけるのは、かえってマイナスの効果を生むことがあります。

もちろん子どもに夢を託すことは素晴らしいことですが、保護者の役割としては場所やモノを託すだけで十分ではないでしょうか。

決して背伸びしすぎず、それくらいの気持ちの余裕をもって子どもと接してほしいと思います。

Chapter 4

必ず速くなれる！ステップアップドリル

簡単な動きからはじめられる、5つのステップドリルを紹介します。ドリルを1週間、継続することで、理想のフォームに近づけていきましょう。

正しいフォーム 3つのポイント

正しい走り方とは、いったいどういうフォームになるのか。

よく言われる**「太ももを高く上げる」「地面を強くける」「腕の角度は90度」**という考え方は、まったくの誤解で、走る速さとは何の因果関係もありません。

過去の迷信だと思っていいので、頭の中から捨ててしまいましょう。

たとえば、「太ももを高く上げる」のは、ストライド（歩幅）を広げようとする発想でしょうが、むしろ太ももが高く上がりすぎると、ストライドは広くなりません。

大切なのは地面をけったあとに、股関節《こかんせつ》が前後に開くかどうか。それによってストライドが変わってくるのです。

腕振りもそれほど意識的に行う必要はなく、重要なのは自分が走りやすいように腕を振ることです。

ただし、**動かすのは肩ではなく、"肩甲骨《けんこうこつ》"の部分になります。**上半身と下半身が連動する際に、肩甲骨周辺の筋肉の動きが、股関節に伝わって推進力が生まれていきます。

走っているときの姿勢も大切で、**顔は真っ直ぐ前に向けたままです。**

これらを踏まえると、正しい姿勢で走るためのポイントとして、「姿勢」「肩甲骨」「股関節」の３つが挙げられます。

姿勢＝頭の先から地面に向かって垂直の軸を作り、姿勢が真っすぐになることを意識します。目線が下がって猫背になると、脚が後ろに流れやすくなります。また、バランスが崩れて動きに無駄が多くなり、スムーズな走りができなくなります。

肩甲骨＝スムーズな腕振りをするために、肩甲骨が動いていることが理想の走りに近づくためのポイントになります。ここで注意しなければいけないのが、動かすのは〝肩〟ではなく〝肩甲骨〟である、ということ。肩甲骨の周りにある筋肉を動かすことによって、力が股関節へと伝わり大きな推進力を生み出します。

股関節＝速く走るためには、太ももを高く上げるのではなく、股関節を前後に広げることが重要になります。股関節を開くことができれば、当然のことながらストライドも大き

正しい走り方のためのポイント

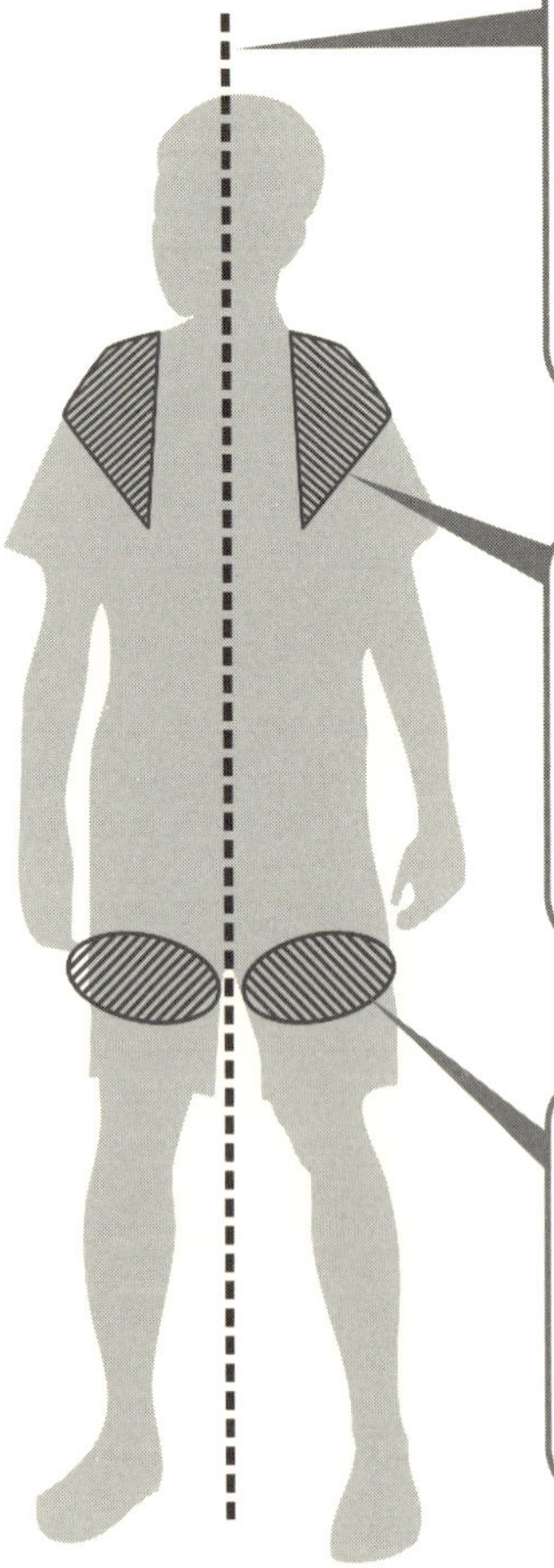

姿勢

頭の先から地面に向かって垂直の軸を作り、姿勢が真っすぐになることを意識することで、走りのバランスがとれるようになる。

肩甲骨

スムーズな腕振りをするために、肩甲骨を大きく動かすことがポイント。動かすのは肩ではなく肩甲骨。

股関節

股関節を前後に広げることが重要。股関節を開くことができれば、ストライド（歩幅）も大きくなる。

くなります。上半身や肩甲骨の動きと連動すればピッチ（脚の回転）も速くなり、スピードもアップすることができるでしょう。

ただし、子どもたちは子どもたちなりにバランスを取ろうとしながら懸命に走っているので、極端にこうしなさい、ああしなさいとすべてを修正しようとするのはあまりいいことではありません。

修正する箇所があればまずは一つだけアドバイスを送り、それができるようになったことをほめてあげる。そうして今度は、また別のところを指示してあげるようにすると、より効果的に正しいフォームを身につけることができるでしょう。

これらのポイントは、後ほど紹介するステップアップドリル（Ｐ１０９〜）で、自然と改善されていきますので、ドリルをやりながら確認していってください。

そしてもう一つ覚えておいていただきたいのが、人によって顔の形や体型が異なるように、走り方にも違いがあるということ。

たとえば体がねじれていても、顔が正面を向いていたらそれでいい場合もあります。

好例を一つ挙げると、シドニー五輪で金メダルを獲得した高橋尚子さんは、腕は横に振っていますが、顔はまっすぐ前を向いています。

マラソンも短距離も走り方の基本となるところは一緒です。それが彼女にとっては、42．195キロという過酷な距離を走り切るための理想的なフォームなのでしょう。

基本となるフォームの形はありながらも、**何よりも自分なりのナチュラルな走りを身につけることが大切なのです。**

アスリートに姿勢の悪い人はいない

姿勢について、もう少し話をしておきます。

実は一流のアスリートに姿勢の悪い人はいません。

背すじを伸ばして美しい姿勢を保っている人は、体の仕組みを自分に当てはめて考えており、常に基本となる動きの習得に取り組んでいるものです。

よい姿勢は、正しい走りを身につけるための基本でもあります。背すじを伸ばして美しい姿勢を保っていると、腹筋や背筋も自然と鍛えることができます。

下を向いていては、絶対に速く走ることはできないのです。

私が指導する陸上教室では、**正しい姿勢を自然に身につけるために、子どもたちには帽子をかぶらせます。**

もちろん夏は暑さ対策もあるのですが、走っているときに帽子のつばが下がっているということは、頭が下がっている証拠です。

逆につばが上を向いていると、顎が上がっていることになるので非常にわかりやすいのです。

そこで、「帽子のつばが正面を向くように走ってごらん」と言ってあげると、子どもも理解しやすいし、顔が上がって姿勢も修正されます。

そうやって教えていくと、みんな自然といい走りになっていくものです。

正しい姿勢で頭もよくなる!?

また、姿勢が正しければ、血液やリンパ液の流れがよくなって集中力も高まります。

背伸びすると気持ちがいいのは、背中の悪い血液が心臓に送られて新しい血液が循環してくるからです。

逆に上半身が前かがみになって猫背になると、呼吸筋が圧迫されて脳にまで酸素が行きわたりません。血液もうまく循環できないため、余計に疲れてしまいます。

学校のテストでいい点が取れる人もおしなべて姿勢がよいのではないでしょうか？

頭の回転が速い人は運動能力も高いというのは先に述べたとおりですが、正しい姿勢ともあながち無関係ではないように感じます。

そういう意味では、普段の生活を見直すところもあるのではないでしょうか。

たとえば練習に持っていくショルダーバッグを、右肩ばかりにかけている人はいないでしょうか？　それがクセになると、右側に傾く姿勢を矯正しようとして左側の筋肉が働き、体の軸にずれが生じてしまいます。

テレビゲームをしていたり、マンガを読んでいたりするときは、いつの間にか猫背になっていませんか？　パソコンでインターネットをしているときも、背中を丸めて食いつくように画面を見ている人が多いと思います。

走っていて疲れてきたときの姿勢というのは、テレビゲームをしているときと同じように見えるものです。

何事も一生懸命になるのは悪いことではないですが、かといって同じ姿勢で長時間テレビやマンガに向かっているのはやはりいいことではありません。

ウサイン・ボルトのすごさを伝えるために

自分では正面を向いて走っているつもりでも、第三者から見れば意外と顔が左右に揺れているというのはよくあることです。

指導者や保護者から「しっかり前を見なさい」と言われても、比較するものがなければ理解もできません。

そんなときに私がおすすめしているのは、ビデオカメラを使用することです。

子どもが走っている姿をビデオカメラで撮影しておけば、あとから動画で確認することができます。スロー再生にしたり、ポーズ機能で静止画像にすることもできます。

そうすると、客観的に自分の走りを見ることができるので、フォームのどこを修正しなければいけないのかもわかりやすいのです。

子どもというのは、あれこれ言葉で説明するよりも、体の動かし方を目で見て覚えるものです。

たとえばウサイン・ボルト選手のすごさを言葉で伝えようとしても、子どもたちはなかなかイメージしづらい。やはりテレビで実際に走っている姿を見せたほうがわかりやすいでしょう。

陸上教室では、こんな方法でボルト選手のすごさを子どもたちに体験してもらっています。

100mを走るときのボルト選手の歩幅は、最大で2m96㎝と言われています。そう言っても子どもたちにはなかなか伝わりづらい。

ですから、２ｍ96㎝を測って、その長さを走り幅跳びの要領で子どもたちに跳ばせるのです。そうすると、その歩幅がいかに長いかを体感して、「おおーっ！」という歓声があがります。

視覚でとらえたものを実際に体で表現することで、子どもたちはボルト選手がどれだけすごいかを知ることができるのです。

そのときに保護者や指導者が忘れていけないのは、「大きくなったらボルト選手のようになれるかもしれないね」という含みを残してあげることです。

子どもが納得！ ビデオカメラを使ったレッスン

では、実際にどうやってビデオカメラを使えばいいのかを説明しましょう。

今ではスマートフォンにも動画機能が付いています。画質のいい動画が撮影できるので、本格的なビデオカメラがなくてもそれで十分です。

ビデオ撮影の角度

CHECK!	顔が左右にブレていないか	→ **正面アングルで撮影**
CHECK!	ストライド（歩幅）が広いか	→ **横アングルで撮影**
CHECK!	顔が下を向いていないか	→ **正面アングルで撮影**
CHECK!	足で地面をけっているか	→ **足元アングルで撮影**
CHECK!	肩甲骨が動いているか	→ **上半身アングルで撮影**

ポイントは撮影する角度です。たとえば走っているときに顔が左右にブレていないかをチェックしようと思ったら、顔の向きがわかるように正面から撮影してください。

走り終わったらその映像を見て、「顔がちょっと揺れているね」と確認することができます。

ストライド（歩幅）を確認しようと思ったら、横から撮影するのがいいでしょう。

ビデオのポーズ機能を使って静止画像にし、それを見て歩幅が小さいと感じたら、「ほら、ここで股関節をもうちょっと広げたら歩幅が広くなるよ」とアドバイスする。「準備運動で股関節をしっかり広げておかないといけないね」と言えば、子どもは納得して取り組みます。

それ以外にも、「走っているときに下を向いていたよね」と言葉だけで説明してもわからないようであれば、「ほら、この画像を見ると顔が下を向いているでしょ」と説明してあげる。それだけで、ずいぶんと走り方は変わるはずです。

子どもだって保護者に自分が走っている姿を撮ってもらっていると思えば、やる気も出るでしょう。撮影した映像を見ながら話をすれば、いいコミュニケーションにもなります。

トレーニングでも動きが気になるという人はＰ１０９からのステップアップドリルをビデオカメラで撮影しながら試してみてください。

ビデオ効果で女子全国2位に！

ビデオカメラを使った練習は、甲南大学の陸上部でも取り入れています。

たとえばレースを終えた学生から「今の走り、どうでしたか？」とアドバイスを求められることがあります。

すると私は、「ビデオを見て自分で分析してから聞きに来て」と言います。

なぜなら、そのほうが客観的に自分の走りを分析することができるからです。

人から言われたことはどうしても頭から抜けていってしまうものです。**逆の言い方をするなら、優秀なアスリートというのは自分で考えてできるものなのです。**

また、私が2011年に行われた世界陸上の解説で韓国の大邱《テグ》に滞在していた間も、学生からスマートフォンで撮影した動画を一本一本メールで送ってもらっていました。

それをチェックしたらすぐにアドバイスを書いたメールを返信するのです。

そのおかげで、うちの大学からすごい記録が出たのです。

それまで県で上位レベルまでしか入れなかった選手が、インカレ（日本学生陸上競技対抗選手権大会）の女子100mで2位になりました。

その選手には、普段の練習からビデオカメラを使って何度もスタートの確認をさせていました。

自分の感覚で覚えるよりも、目で見たほうがより正確な情報を得られます。すると、わずか3カ月で見違えるように記録を伸ばしていったのです。

ステップアップドリル　正しい走りが身につく！

ここからは、私が実際に陸上教室で取り入れているステップアップドリルを紹介していきます。

ステップアップドリルには走るために必要なすべての動きが含まれているので、楽しみながら体の動かし方を覚えることができます。実際に走るときも大きく腕が振れるようになり、また、股関節が広がってストライドも大きくなるでしょう。

すべてのメニューに共通するポイントとして、「全身の筋肉を使って楽しく運動する」というのがあります。

走りというのは前方への推進力を高めれば速くなると思われがちですが、前に進むためには全身の筋肉を前後、左右、斜めなどあらゆる方向に連動させなければいけません。

◎直線上をまっすぐ走れない
◎後ろ向きに走るとバランスを崩す

こうした傾向のある子どもは、全身の筋肉がうまく使えていないということが考えられます。理想的な走りを身につけようと思ったら、やはりこれらの点を改善し、体のバランスを整える必要があります。

ステップアップドリルを行う上で、メニュー一つ一つの動きを丁寧に行うことがポイントになります。いい加減な練習にいくら時間を割いても、一向に上達しません。

メニューにはおおよその回数の目安を示していますが、それほど気にする必要はありません。その子どもの能力に合わせて、はじめは回数を少なめに設定し、徐々にスピードを上げていけばいいでしょう。焦らずにコツコツと取り組んでください。

また、ステップアップドリルに入る前に、1マスだけを使った「その場でラダートレーニング」（P58～）と、変形ダッシュでスタート姿勢になる動き（P68～）をやっておくといいでしょう。これらの神経系トレーニングで頭と体が連動できるようにしておけば、スムーズにステップアップドリルに入っていけます。

これにスタートダッシュ法（P48～）を合わせて行うと、短距離走における動きが一通り網羅されることになります。

ステップアップドリルを行うだけでも、**トレーニング前と後では、タイムは縮まってい**

るはずです。ですが、これらのトレーニングは継続することが大切ですので、**まずは1週間を目標に続けてみてください。**いろいろな動きを体に染み込ませることで、ダイナミックな走りになっていきます。運動会でも活躍できる可能性が高まるでしょう。

ステップアップドリル❶ 腕を振ってみよう

肩甲骨を意識して、腕を大きく振る運動です。猫背にならないよう背筋を伸ばし、目線を正面に向けましょう。リラックスしながら、腕全体を大きく動かしてください。

ステップアップドリル❷ ももを上げてみよう

腕を大きく振れば、自然と足も高く上がることが実感できると思います。そのように、上半身と下半身と連動させて、ひざ、太ももを高く上げて脚を大きく動かします。もも上げには関節の可動域を広げる効果があります。慣れてきたら徐々にテンポアップしていきましょう。

ステップアップドリル❸ 肩を回しながら歩いてみよう

大きな腕振りを身につけるために、肩を前回し・後ろ回ししながら前進します。腕を大きく振るためには、肩甲骨を動かすことが重要です。

ステップアップドリル❹ 脚を大きく動かしてみよう

脚を伸ばしながら歩くことで、股関節の柔軟性を高め、歩幅を大きくします。また、かかとを引きつけながら走ると、太ももの裏の筋肉を動かす効果があります。

ステップアップドリル❺ もも上げしながら走ってみよう

ドリル❶から❹までの運動を頭に入れながら、できるだけ太ももを高く上げて走ります。ポイントは姿勢をまっすぐにして、全身を大きく動かすこと。太ももを高く上げると前進するのは難しいですが、理想の走りを完成させるためには重要になってきます。

ステップアップドリル 1 腕を振ってみよう

1 両手で腕振り 10〜15回

両腕のヒジをピンとまっすぐに伸ばした状態で、両手一緒にその場で腕振りを行ってみよう。

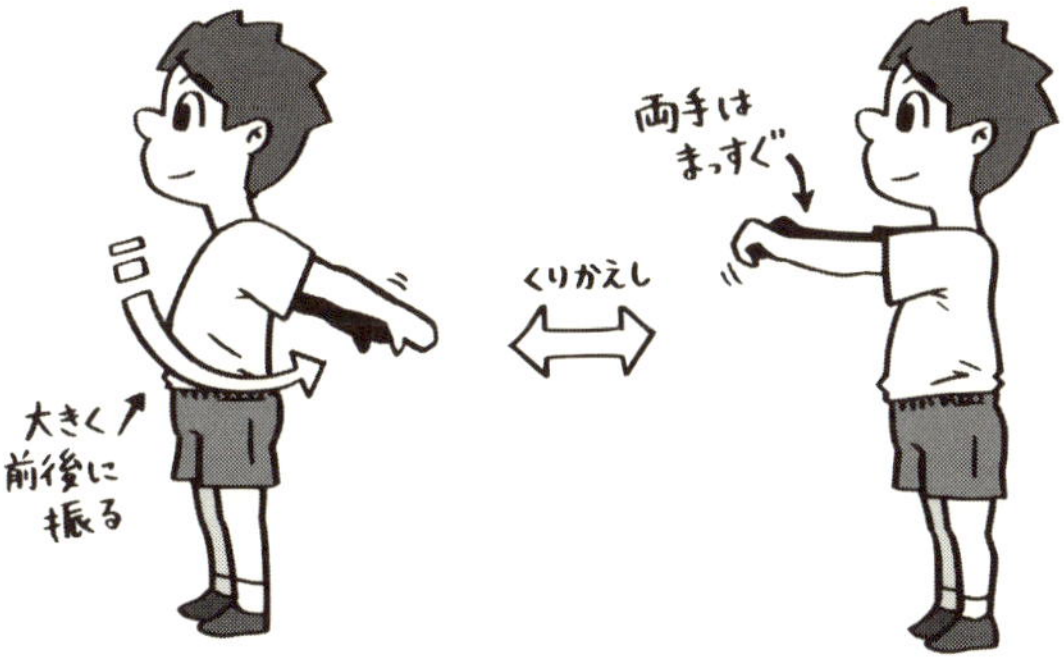
大きく前後に振る
くりかえし
両手はまっすぐ

2 ひじを曲げて腕振り 10〜15回

ひじを軽く曲げて、両腕を一緒に大きく振る。手が目の高さに来るまで、高く腕を上げてみよう。

背すじまっすぐ！
くりかえし
ひじを軽く曲げる

3 交互に腕振り 10〜15回

ひじを軽く曲げて、右手と左手を交互に振る。リラックスして腕を大きく振りましょう。

左右交互に振る
くりかえし
手は軽くにぎる

ステップアップドリル 2 ももを上げてみよう

1 足踏みもも上げ

20回×3セット

その場でもも上げ。姿勢はまっすぐにして、腕は目の高さまで上がるように大きく振ること。

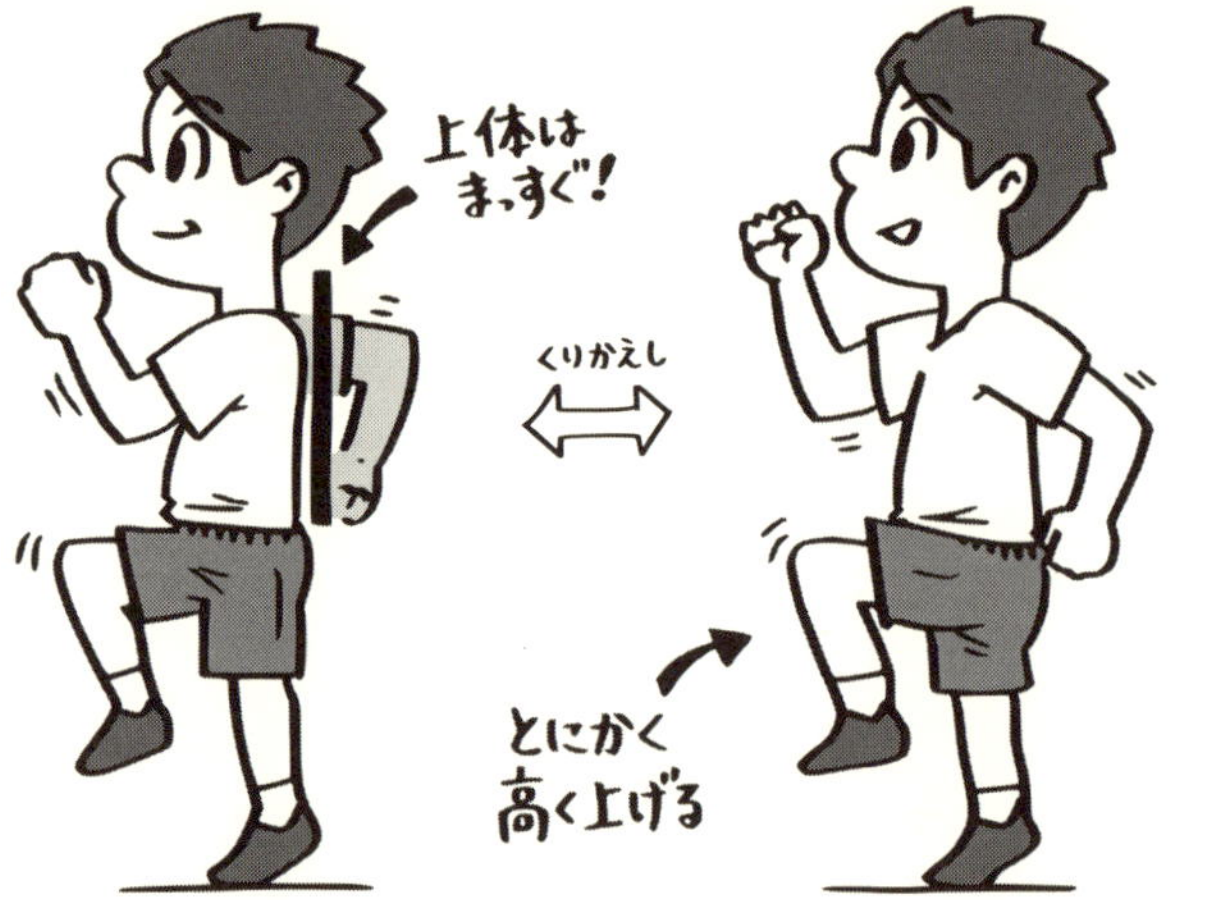
上体はまっすぐ！
くりかえし
とにかく高く上げる

2 リズムもも上げ

20回×3セット

その場でジャンプするようなイメージでリズミカルにももを上げる。上半身と下半身を連動させる。

くりかえし
つま先は前を向く
その場でジャンプするイメージで！
地面
腕脚を連動させる
地面

ステップアップドリル 3 肩を回しながら歩いてみよう

1 肩前回し歩き

20〜30m×3セット

腕を前後に開き、肩を前に回しながら前進する。慣れてきたらスピードアップしよう。

腕は垂直に上げる
目線はまっすぐ
肩甲骨全体で動かす

2 肩後ろ回し歩き

20〜30m×3セット

腕を前後に開き、肩を後ろに回しながら前進する。難易度が上がる。

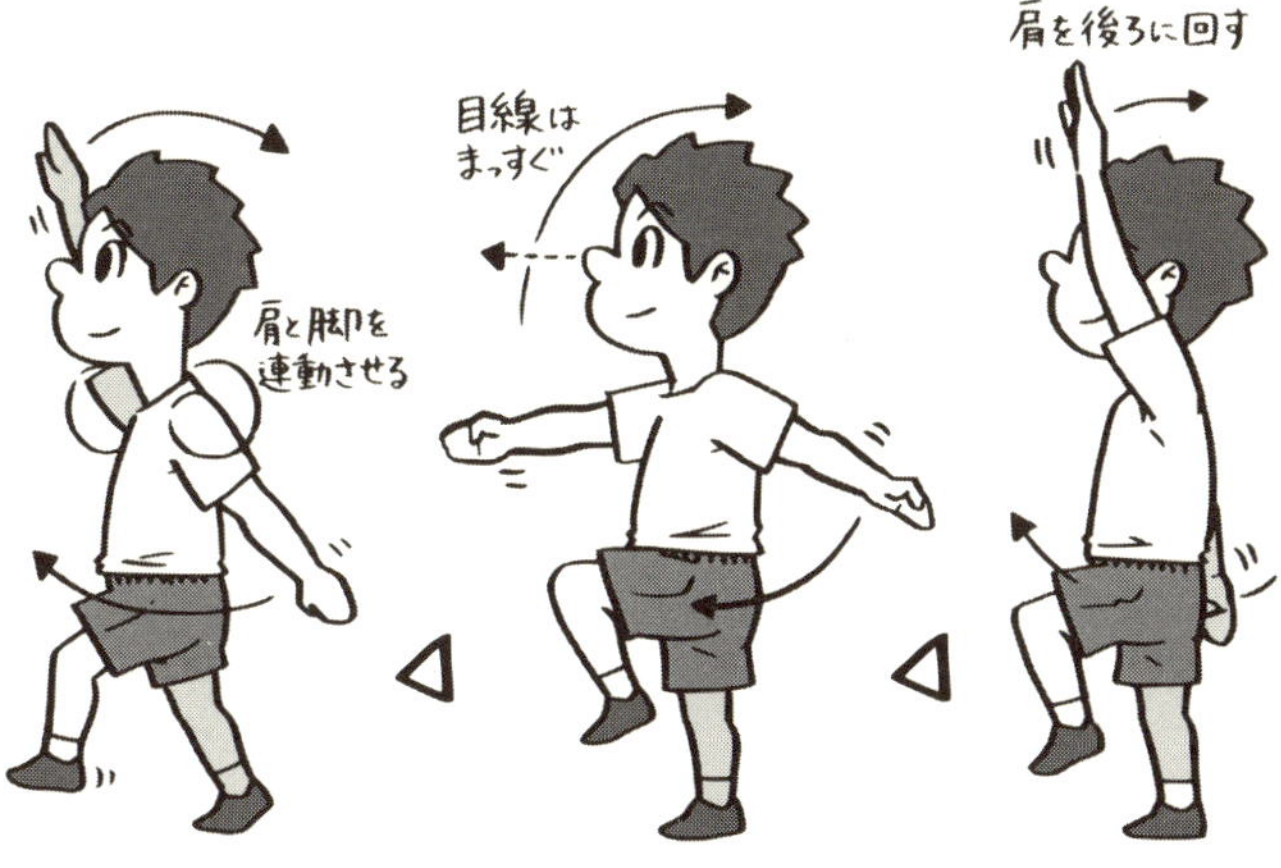
肩を後ろに回す
目線はまっすぐ
肩と脚を連動させる

ステップアップドリル 4 脚を大きく動かしてみよう

1 脚を伸ばしながら歩く

20～30m×3セット

まっすぐに伸ばした脚を高く上げて前進。背すじをしっかりと伸ばす

足の裏が見えるくらい高く上げる
脚はまっすぐ!
常につま先は進行方向に向ける

2 かかとを引きつけながら走る

20～30m×3セット

走りながらかかとをお尻に引きつける。左右交互に繰り返しながら前進する。

腕振りも忘れない
カカトでお尻をたたくイメージで!
カカトはお尻に引きつける

ステップアップドリル 5 もも上げしながら走ってみよう

1 もも上げ走り

20〜30m×3セット

太ももを高く上げながら走る。
背筋をしっかりと伸ばす。

後ろ重心にならないように
太ももを高く上げる！

2 もも上げ後ろ走り

20〜30m×3セット

もも上げをしながら、後ろ向きに走る。
フォームは前向きと変わらないようにする。

前向きと同じ形に！
後ろ向きで進む

スキップは万能トレーニング！

ステップアップドリルのほかに、おすすめするトレーニングとして、スキップがあります。

正しい走り方をするためには、かかとから着地して体の重心を移動し、腕と上半身の力を利用して地面を大きくける必要があります。**スキップには、そうした走りの基礎となる要素がすべて含まれているのです。**

リズム感も養われるため、走力アップのトレーニングとしても非常に効果的です。しかも、全身の力を抜いた状態で進行方向に進んでいく動きなので、どれだけ長く続けても疲れません。体に負担がまったくないんですね。

だから、ステップアップドリルの前にやってもいいし、間にやってもいい、最後にやってもかまいません。子どもが飽きてきたと思ったら、力が抜ける動作なので、リラックス効果もあるスキップをやってみてください。

スキップができない子には、保護者や指導者が見本を見せて、子どもには後ろからついてきてもらうといいでしょう。横に並んで手をつないでやっても効果的です。

スキップは、言葉で説明するよりも見よう見まねで覚えたほうが早く習得できます。最終的には、タイムを計ってスキップ走をやってみてもいいと思います。タイムを計るとなると、どうしても身体に力が入ってしまうので、それでもリラックスできるかを確認します。

様々なバリエーションがあるのもスキップの魅力。ぜひ、チャレンジしてください。

◎スキップ

大切なのは全身の力を抜いてリラックスすることです。かかとからしっかり着地することを意識して、大きく弾みながら前進します。

◎ハイスキップ

腕を振り上げる反動を利用して、滞空時間の長いスキップをします。地面を大きくけり、上げた太ももを高い位置でキープするのがポイントです。

◎無音スキップ

着地したときに音がするのは、靴と地面の摩擦でブレーキがかかっているからです。音を鳴らさずにスキップすることで、スムーズな重心移動を身につけます。

◎高速スキップ

通常のスキップのフォームを頭に入れながら、徐々にスピードを上げていきます。肩や指先をリラックスさせてください。

Chapter 5

運動会で活躍するための必勝法！

運動会の当日になって慌てないように
対策が必要です。
シューズの選び方、リラックス法、
コーナーの走り方などがわかります。

速く走れるシューズってあるの？

運動会のシーズンが近くなると、「速く走れるシューズはありますか？」という質問を受けることがあります。

最近では左右非対称ソールのものが子どもたちの間で大人気だったり、各メーカーが低年齢層に向けてさまざまなシューズを開発しています。

ですが個人的には、シューズにはあまり左右されないほうがいいと考えています。

それでも私がおすすめするとしたら、シューズの形状ではなく、できるだけ裸足に近い感覚で履けるものです。

なぜかというと、かかとが厚いシューズは正しい姿勢を保ちづらく、重心移動がしにくいからです。

そのため、かかとがそれほど厚くなく、クッション性が少ないもの。そのうえで、シューズの中で足があまり動かないものを選ぶといいと思います。

とはいえ、子どもは「あの選手が履いている」とか「この色が好き」という理由でシューズを選びますよね。

それでいいのではないでしょうか。やはり、自分が気に入ったシューズで走るのは気持ちがいいもので、そういった効果は否定しません。

もう一つ、「靴ずれをするから運動会の当日に新しい靴を履かない」という人もいますが、それもあまり心配することはないでしょう。

「新しいシューズのほうが速く走れる気がする」というのであれば、子どもの意見を尊重してあげてください。

大人が無理やり「これを履きなさい」と言うよりも、自分で選んだシューズを履いたほうが気持ちも乗って速く走れるようになることがあるのです。

ですがいくら気に入っているシューズでも、古くなったものをいつまでも履くのは、おすすめできません。

どれだけ足に馴染んでいるからといっても、かかとが減ってクッション性が弱くなりすぎると、ひざや腰に悪い影響を与えることがあるからです。

結果的に歩き方や姿勢にも影響を及ぼすこともあります。

できることなら、シューズは2、3足を履き回すと、ゴム部分の劣化を抑えることができ一足一足が長持ちします。

シューズにも賞味期限があるということを忘れないでください。

フィットしているかは〝中敷き〟などで確認

実はシューズの中敷きや靴底を見るだけで、どんな走り方をしているのかがわかるのです。

たとえば短距離走が得意な子どもは、拇指球《ぼしきゅう》のあたりが擦れて汚れていたり、その部分だけ色が違うことがあります。言い方を変えると、それだけで地面をける力が強いことを証明しています。

一方で、それほど履いていないのに中敷きがすごく汚れているときは、シューズの中で足が滑ったり動いたりしている証拠です。

そのシューズは適正のサイズよりも少し大きいのかもしれません。

シューズが合っているか、中敷きなどでチェック

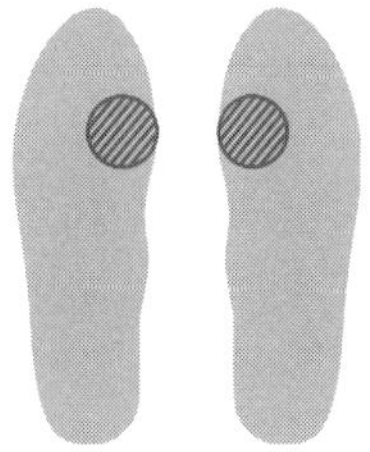

拇指球が汚れている

拇指球《ぼしきゅう》のあたりが擦れているので
地面をける力が強いといえる

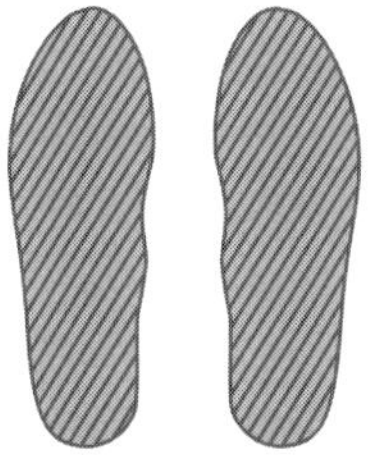

全体が汚れている

靴の中で足が動いているので
靴のサイズが大きい可能性がある

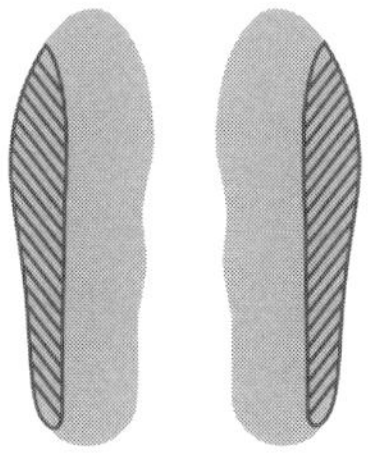

外側が汚れている

外側に体重がかかりすぎている
可能性がある

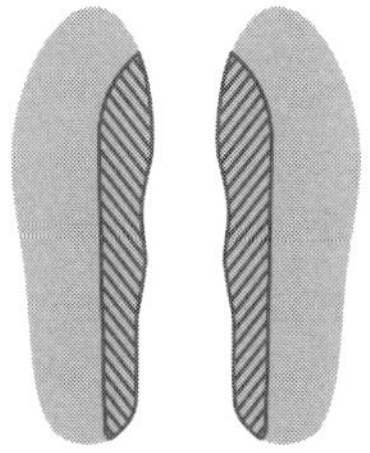

内側が汚れている

内側に体重がかかりすぎている
X脚の子がなりやすい

ます。

また、かかとだけが大きく擦り切れているときも、サイズが合っていない可能性があります。

中敷きの外側が汚れている場合は、体重が外側にかかりすぎている可能性があります。

逆にX脚の子は内側に体重がかかるので、中敷きも内側が汚れやすいのです。

このように、シューズが自分の走り方に合っているかどうかは、中敷きの汚れ具合で確認することができます。

いずれにしても、シューズが合っていないと思う人は、スポーツショップにそれまで履いていたシューズを持って行ってみてはいかがでしょうか。

中敷きの汚れ具合や靴底の減り方を見て、お店の人が「それならこういうシューズはどうでしょう？」とオススメを持ってきてくれると思います。

最近はお店で正確な足のサイズを測ってくれるところも増えてきたので、試してみるのも一つの方法です。自分が考えていたよりも、足が大きくなっていたということだってあるでしょう。

しかも、足の形は人それぞれ。同じサイズでも外国製と国内製ではシューズの幅や高さに若干の違いがあります。

「自分の足の形はこうだから」と思い込まないで、お店の人に相談しながら最適のシューズを探してみてください。

サッカースパイク実験での意外な結果

シューズはスポーツによって形状が変わりますが、それは機能が異なっているからなのです。

たとえば試合の中で頻繁にジャンプするバスケットシューズは、足首を覆ったハイカットタイプのものが多くなっています。

また、テニスのクレーコートや砂入りの人工芝は非常に滑りやすく、そうしたコートでプレーするためのシューズはグリップ力が重要視されています。

そもそも正しい走り方さえ身につけていれば、たとえシューズが違ってもフォームそのものは変わらない、というのが理想です。

ところが――。

以前、こんな実験をしたことがあります。

いつもサッカーをしている子どもに陸上のスパイクで走らせ、次にサッカーのスパイクに履き換えて同じ距離を走らせました。

陸上のスパイクを履いた瞬間は、誰もがこう言っていました。

「軽くて速く走れそう!」と。

しかしその結果は、陸上のスパイクで走ったほうが、サッカーのスパイクを履いて走ったときよりもタイムが遅くなったのです。

とても不思議な光景でした。何人かで同じことを試したのですが、みんなタイムが落ちました。

中には50m走のタイムが0.5秒も遅れた子がいたほどです。

常識で考えれば、陸上のスパイクで走ったほうがタイムは上がるはずなのです。フォームが同じであれば、走ることに特化した陸上のスパイクのほうが速いのは自明の理です。

サッカーのスパイクは、ボールをけっても痛くないように表面が革で覆われていたり、90分間走り続けられるように耐久性が重視されています。どれだけ軽量化されても、やはりある程度の重量があります。

それに対して、陸上のスパイクは裸足に近い感覚で走れるように軽い素材で作られています。

しかし、子どもたちにとっては陸上のスパイクは軽すぎて、逆に足が動かせなくなったのです。

陸上のスパイクの使い方がわからないということは、裸足での走り方がわからないということです。つまり、子どもたちの走り方そのものが変化してきたということでしょう。

サッカーのスパイクを履いてタイムがよければ、確かにそれでいいのかもしれません。ですが、将来的な伸び代を考えると、シューズで走り方を改善しようとするよりも、やはりトレーニングによって正しい走り方を身につけておいたほうがいいと感じます。

運動会対策!!「スタート」「コーナー」「ゴール」

運動会や大会では、基本動作も大切ですが、**「スタート」「コーナー」「ゴール」の場面で、できるだけ無駄な動きをなくすことが必要になってきます。**

一発勝負では、速く走ろうとする意識が強くなりすぎて、気持ちが空回りし、これらのシチュエーションで大きな差がつきやすいのです。

「スタート」は、2章の「スタートダッシュ法」（P48～）や、正しいスタート姿勢（P53～）でチェックしました。

繰り返しになりますが、「短距離走は、最初の5歩で決まる」ので、スタートを改善することは、徒競走での順位を上げる近道になります。

「コーナー」「ゴール」については、改善点を含めて後述します。

本番直前で、保護者や指導者の方に気をつけていただきたいのが、子どもたちにあまり多くの注意点を伝えないこと。「スタートではこうしなさい！」「ゴールではああしなさい！」と言っても混乱してしまうでしょう。意識するポイントは1つか2つ程度に抑えるほうがいいと思います。

特にスタートは独特の緊張感があるので、普段から本番に近い形で練習しておくことが大切になります。

コーナーの走り方にもコツがある

50m走などの短い距離を走るときは直線がほとんどだと思いますが、校庭のトラックを利用したリレーになるとコーナーを走ることも多いのではないでしょうか。

コーナーを曲がる場面で、転んでしまう子もいるかと思います。

運動会が行われる学校のグラウンドは、小石が転がっていたりデコボコしていることがあります。しかも、周りにたくさんの人が走っているため、目線もバラつきやすい。

そのため、小学校低学年くらいまでは体のバランスを整えるので精一杯になり、コーナーでアクシデントが発生しやすいのです。

コーナーで転ばないようにしようと、変に意識しすぎてスピードを上げたり、外側の腕を大きく振ったりする子もよく見ます。余計なことを考えると、どうしても体全体のバランスが崩れてしまうものです。

大人が車を運転するとき、カーブでは自然とハンドルを切っているでしょう。それを変に意識してスピードを出しすぎると事故につながるのと同じことです。

コーナーの走り方

正しい走り方

基本的にはコーナも、直線と同じように姿勢を正して走るのが理想的。目線をできるだけ遠くに持っていく。

間違った走り方

外側の腕を大きく振ってしまっている。体全体のバランスが悪くなる。

ですから、基本的にはコーナリングも直線と同じように姿勢を正して走るのが理想的です。さらに言えば、子どもというのは不思議なもので、余計なことを考えなければ、自然とコーナリングの技術を備えているものです。

一つだけアドバイスをするとすれば、**目線をできるだけ遠くに持っていくことです。**下を向いて走っていては、コーナーは曲がれません。

コーナーに沿って体を傾けるのも大切ですが、それでスピードが落ちるのであれば、少し外に膨らんでも直線と同じように本来の走り方を維持したほうがいいでしょう。

ゴールで差をつけるための方法

ゴール直前は、会場が大きくわき上がる瞬間だと思います。

それだけ注目されますから、子どもたちは意識しすぎて無駄な動きが生まれる傾向があります。

ゴールテープを目で認識した瞬間、より速く走ろうと思って体に力が入りすぎて、体勢

ゴールで差をつける

ゴールの先を見る

ゴールの3mくらい先が
ゴールだと思いながら走る。
ゴールの先まで一気に走り抜ける。

ゴール前で力が入っている

ゴールを意識して、
より速く走ろうと思い、
体に力が入りすぎている。

ゴール前で力が抜けている

もうすぐゴールだと
思ってしまい、
力が抜けてしまっている。

が崩れてしまう。また、「そこがゴールだ」と思ったとたんに、力が抜けてしまうこともあります。

ゴールの手前でバランスを崩して転倒する姿をよく見かけるのは、そうした心理的な面が作用しているからだと思います。

中には、なぜかゴールラインを「バン」と踏みたがる子もいます。これだと着地した足に体重がかかって、急ブレーキを踏んでいるのと同じことになってしまいます。

いずれのケースも、せっかく上がってきたスピードをゴールの手前で落としていることになるので実にもったいないのです。

私が子どもたちによく言っているのは、「ゴールの３ｍくらい先がゴールだと思いなさい」ということです。

ようするに、ゴールの先まで一気に走り抜ければいいだけなのです。

そこを改善するだけでも、ずいぶんタイムがアップするはずです。

もし気持ちに余裕があれば、ゴールする瞬間に少し胸を突き出すようにすると、スピードを落とさずさらにタイムを上げることができるでしょう。

緊張を克服しようと思ってはダメ

運動会や大会で走るときは、だれだって緊張するものです。

そんなときに、保護者や指導者が「リラックスしろ！」と言っても、できるわけがありません。そうした声がけは、場合によっては裏目に出てしまうことがあります。

もし緊張しすぎで手に汗をいっぱいかいていたり、頭の中が真っ白になっていたり、最初の一歩が踏み出せないときは、大声を出させてください。

これは世界選手権などの大会で、外国人選手がよくやっている方法でもあります。言葉は「ワー」でも「オー」でも何でもかまいません。声を出すのはタダですから。隣の子とおしゃべりするのもいいでしょう。とにかく、声を出してリラックスさせます。そうすると、心なしか不安もほどけて、足も動くようになるのではないでしょうか。

ただし、緊張というのは〝心〟を育むためにはとても貴重な経験です。

大切なのは「どうして緊張したか」「どうすれば緊張しなくてすむのか」ではなく、「緊張した中でどれだけ力が発揮できるか」です。

運動会では緊張してしまうもの

緊張する

運動会や大会で走るときは、誰だって緊張するもの。過緊張で手に汗をいっぱいかいたり、頭の中が真っ白になる子もいる。

リラックス法 1

声を出す

大声を出してみると体がほぐれる。隣の子とおしゃべりするなどとにかく声を出してみると効果的。

リラックス法 2

自分の心と向き合う

緊張した中でどれだけ力が発揮できるか。どんどん緊張して、自分の"心"と向き合ってみる。

どんどん緊張して、自分の〝心〟と向き合えばいいのです。

緊張というのはスポーツ以外でも、日常の中で何度も経験するものです。

テストを受けるとき、先生に指名されて算数の解答を答えるとき、クラスメートの前で教科書を音読するとき、保護者に通信簿を見せるとき。ほかにもいろいろな場面があるでしょう。

自分一人が緊張しているように思っても、みんな同じように緊張しています。どれだけ足が速い人でも、レースの前はやはり緊張しているのです。

ちなみに私が競技人生の中で一番緊張したのは、１００ｍで日本記録を出したレースと世界室内の決勝に残ったときでした。

頭の中では冷静にレースのことを考えていたのに、指先の震えが止まらなかったのです。

自分ではリラックスしていたつもりだったのですが、「筋肉が緊張している」と感じた数少ない経験でした。

けれども、そうした緊張を何度も経験すると、だんだんと緊張感が薄れていき、やがては〝慣れ〟へと変わっていくことがあります。

そうなってくると、どれだけ緊張しようと思ってもできません。逆に気持ちが緩んでしまい、思うような結果が出せなくなったり、場合によっては大きな失敗につながることがあるのです。

ですから、緊張というのはマイナスのことばかり、というわけではないことを覚えておいてほしいのです。

何より、緊張しているということは、自分が新しいことにチャレンジし、立ち向かっている証拠です。

それを応援しない人なんていません。

保護者や指導者はぜひ、「試合で緊張するのは素晴らしいことなんだよ」ということを子どもたちに伝えてあげてください。

運動会で負けたときの励まし方

子どもの多くは結果に対して敏感です。

それまで一生懸命に練習を積んできた子ほど、運動会で負けたときのショックは計りしれません。

私のところにも、「子どもが運動会で負けたときは、どうやって励ましたらいいですか?」という声が寄せられます。保護者からすれば、自分の子どもが落ち込んでいる姿なんて見たくないですから、その気持ちはよく理解できます。

ですが、「こう言ってあげればいいですよ」という魔法の言葉のようなものはありません。突き放したように聞こえるかもしれませんが、でも、大切なのは本人ががんばったかどうかだと思うのです。

勝敗というのは、実力以外のさまざまな要因が作用します。

もしかしたら一緒に走った相手がものすごく速かったのかもしれません。

あるいはその日はたまたま風邪をひいていて、コンディションが悪かっただけかもしれない。

レースというのは一か八かです。相手があってのものですから、どうにもならないことはあるのです。

負けたことを克服していけばいつか必ず上にいけます。そのように子どもに思わせることが大切なのだと思います。

ケガをしたときはどうする？

もしも練習や試合の途中でアクシデントがあった場合はどう対処すればいいのか。まず、脚に痛みがあったら、すぐに中断して指導者や保護者に相談してください。ひざが痛む場合は、使いすぎのサインです。

もしかすると、それは**オスグッド・シュラッター病**かもしれません。様々な説がありますが、オスグッド・シュラッター病はひざにかかる負担が原因で発生する障害とされています。

小学校高学年から高校生に発症しやすく、ひざの下部が隆起するのが特徴です。症状が軽いからといって放っておかず、必ず病院に行って専門医に診てもらうようにしましょう。

子どもが痛がっているのであれば、その理由をはっきりとさせてあげることが重要で

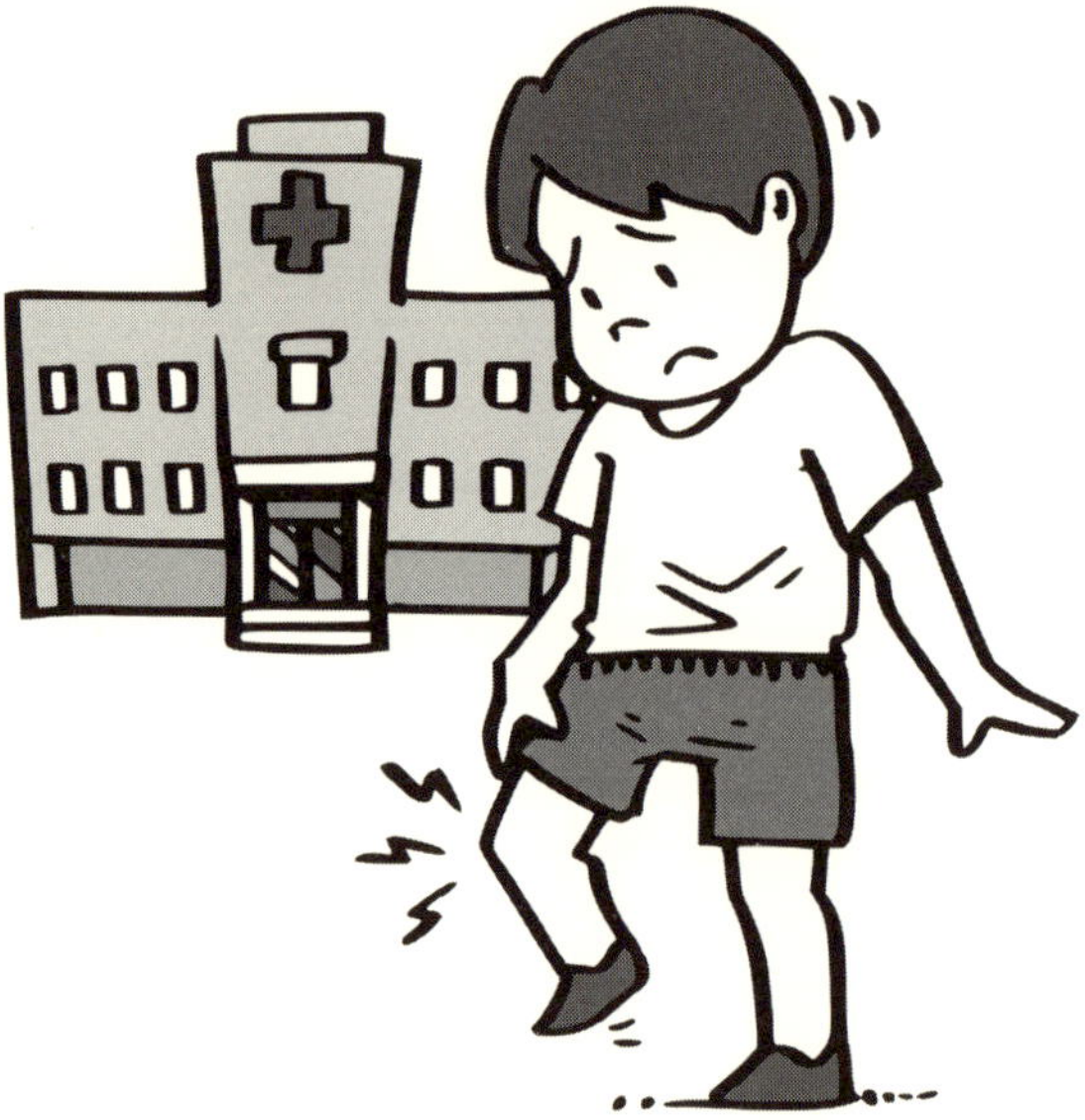

す。けっして大人が安易に判断してはいけません。

「湿布を貼れば治る」「冷やせば治る」「安静にしておけば治る」という昔ながらの考え方は疑ってかかるようにしてください。

痛みを我慢しながら走っていると、患部をかばってランニングフォームが崩れたり、ほかの部位の故障を誘発してしまうことがあります。将来的にも大きなマイナスになりかねないので、練習は必ずストップしましょう。

スポーツ障害を引き起こす主な原因は、「脚関節の柔軟性」の低下によるものです。

頻繁に痛みが出る場合は、トレーニングの内容や頻度を見直し、休養をとることも必要です。そして、専門医に相談しながらどうしてケガをしたのかを分析して再発防止を心がけます。

そうすれば、そのケガはマイナスばかりでなく、きっとプラスの効果をもたらしてくれるに違いありません。

運動会当日の食事は何を選べばいい？

運動会の当日には、どんな食事をとったらいいのでしょうか？

今は食事に関する情報もあふれているので、保護者の方にとっては気になるところだと思います。

スポーツ界では、「カーボローディング」などの食事方法があります。ようするにグリコーゲンの素となる炭水化物を、体の中にできるだけ蓄積させる方法です。エネルギーを蓄えることができるので、マラソンやトライアスロンなど持久系のスポーツではよく使われる食事方法です。

ですが、**小・中学生の場合は、そこまで深く考えることはありません。**

それに、レースの前だからといって嫌いなものを無理に食べさせられたら、気分が沈んだまま走ることになってしまいます。

それだったら、たとえ不適切と言われても好きなものを食べて、「これを食べたら走れるようになる」と暗示をかけてあげたほうが効果的な場合もあります。

あえて言うなら、本番で最大限のパワーを発揮するためにも、当日はゆとりを持って起床し、朝食をとることを心がけたほうがいいでしょう。

また、睡眠時間をしっかりと確保することも、万全の体調で当日を迎えるためには大切なことです。

Chapter 6

さらにレベルアップするために

より専門的に
速く走ろうと思っている方へ、
知っておいてもらいたいことを
まとめています。

意外に難しいストップウォッチの使い所

ストップウォッチの使い方は突き詰めると非常に難しく、保護者の方や指導者にとっては最後の仕上げ、言い方を変えるなら腕の見せ所でもあります。

何も計測されたタイムをありのままに伝えるだけが、ストップウォッチの役割ではないのです。子どもの気持ちを盛り上げるために、ときには実際よりも速く、あるいは遅いタイムを言ってあげることもあります。

たとえば、50mの自己ベストが8．5秒の子どもがいたとします。

1時間のトレーニングを経て最後にタイムを計るときに、その子どもが8秒ジャストを目標に掲げた。ところが実際にスタートしてみると、フォームは改善されているのに、スタートで出遅れて8秒を切るのは厳しいかもしれない。

結果を目に見える形で示したほうが、この子にとってやる気がアップすると判断したときは、少しだけ早めにストップウォッチのボタンを押してあげます。

そうして、ストップウォッチに表示された7．9秒のタイムを見せてあげると、子どもは速くなったことが実感できて走ることがより楽しくなることがあります。

もちろん結果をそのまま伝えることでよりがんばろうとする場合もありますから、毎回タイムを操作しては効果がありません。ですが、ストップウォッチを使ったこんな手法があることも知っておいてもいいと思います。

また、練習に飽きてきたときは、**タイムトライアルをやってもいいでしょう。**

「50ｍを８秒ジャスト」などとはじめに設定し、実際のタイムがプラスマイナス０．５秒以内だったら練習を終わりにする。

また、**何秒で走ったかを子ども自身に当てさせても面白いです。**

子どもが50ｍを走り終わったあとに「何秒だったと思う？」と聞き、答えたタイムと実際のタイムに０．２秒以上の誤差があったらもう一本。

「当たるまで何本でも行くからね」とあおってあげると、子どもは懸命に頭を働かせるに違いありません。

サイコロを使ってトレーニング

ストップウォッチのほかにも、トレーニングで使うと効果的な道具を紹介していきましょう。

その一つが**ホワイトボード**。大きなものでなくてもかまいませんが、その場で絵が書けると何かと重宝します。

私の場合は、スタートの姿勢の話をするときや、地面をける足の位置などを説明するときに使うことが多いです。やはり言葉で説明するよりも絵で見せたほうが、子どもの場合は頭に入りやすいと思います。

それから音が鳴るものも、よくバッグの中に入れています。たとえば**カスタネット**。スタートの練習をするときにわざわざピストルを使う必要もないし、カスタネットなら学校で慣れ親しんだ音なのであると便利です。

また、甲南大学の陸上部では**トレーニングの本数を決めるのに、サイコロやトランプなどのツールを使うことがあります。**たとえばサイコロを振って「6」が出たら、そのトレーニングを6本やらないといけない。

だからと言って、もし「1」が出ても、「ああ、楽ができる」と思う選手はいません。「1」が出たときでも、「本来は6回やるトレーニングだからね」と言って、その1本にしっかりと集中させるのです。

なぜサイコロを使うかというと、**選手自身に選択肢を与えたいからです。**

指導者から「やれ」と言われてもなかなか身が入らないことも、サイコロで出した数字は自己責任です。自分主体で決められる項目を何か作ってあげないと、どうしても「やらされている感」が出てしまいます。

もちろん、トレーニングそのものがしっかりできていることが前提ですが、それも長続きさせる一つの方法ではないだろうかと思います。

ストップウォッチと同じで、そうしたツールは出すタイミングが非常に重要です。保護者や指導者は子どもたちの顔を見て判断し、「少し練習に飽きてきているな」というときや「しんどいと思える」状況で使うといいのではないかと思います。

陸上ノートを書いて目標を達成する！

サッカーの中村俊輔《しゅんすけ》選手が小さなころからノートを書き続け、それを自らのスキルアップや目標の達成に役立てた、という話は有名です。

陸上競技でもノートを書いているアスリートはたくさんいます。たとえばその日の睡眠時間や体調、体重、食事、練習の内容などが基本。女性であれば体温を書いておくといいでしょう。

それによって、「何を食べたときに好記録が出たか」「大会の前はどれくらい睡眠をとるといいのか」など、自分自身を知るための指標にすることができます。

甲南大学の陸上部では、学生に大会の感想を書いて提出してもらっています。

それほど長い文章でなくてもいいのですが、ようするに文面を読んでおくことで、実際に走ったビデオを見たときに、どういうレースだったかを私の頭の中で再現できるようにします。

そのうえで私がレースを見た感覚とビデオを見た感覚、それに本人の感覚が実際とどの程度ずれているのかを確認します。

そのため、そのときに感じたことをありのままに書くことが大事で、文章が抽象的だと再提出させることもあります。

もし小・中学生がノートを書くのであれば、○×方式でもいいのではないでしょうか。

たとえば指導者があらかじめ「ひざが上がっていた」「腕が振れていた」などの項目を用意してあげて、それに子どもが自分で判断して○か×を書き込む。5段階評価にするのも、わかりやすくていいと思います。

項目は何も技術的なことばかりでなく、満足度や達成度、悔しい度、緊張度などいくつかあってもいいでしょう。保護者や指導者が知りたいことを項目に入れておけば、あとで子どもとコミュニケーションを図ることもできます。

ただし子どもの性格も千差万別です。

ノートを書いてしっかりと準備したほうがいい子がいれば、中にはガス抜きをしないとがんばれない子もいます。ノートを書く、書かないも含めて、その子に合わせていろいろと工夫することが必要だと思います。

トレーニング7つの基本原則

トレーニングの基本原則も説明しておきます。

指導する立場にある人は、ただやみくもにトレーニングメニューを提供してはいけません。

覚えておいてほしいのが、❶**過負荷（オーバーロード）**　❷**漸進《ぜんしん》性**　❸**継続性**　❹**特異性**　❺**意識性**　❻**全面性**　❼**個別性**　といったトレーニングの7つの基本原則です。

これらの原則を理解していなければ、トレーニングは指導者のエゴになり、子どもたちが本来持っている可能性を押しこめることになります。

特に❺意識性、❻全面性、❼個別性は指導者が忘れがちになる項目なので、しっかりと覚えておいてください。

少し専門的な知識になりますが、この7つの原則を理解していただくだけでメリハリのついたトレーニングになるでしょう。子どもたちも走ることが楽しくなり、より効果が上がるに違いありません。

トレーニング7つの基本原則

1 過負荷（オーバーロード）
トレーニングの効果を最大限に生かすため、
日常生活よりも強い負荷をかけなければならない。

2 漸進性
トレーニングの負荷は自分の体の発達に合わせて
徐々に上げていく。ただし、急激に負荷を上げすぎると、
体を痛める原因にもなるので注意。

3 継続性
トレーニングの効果を上げるためには、継続・反復が必要。
毎日の積み重ねが大切ということ。

4 特異性
スポーツにはその競技に応じた特異性がある。各スポーツに
合わせて、トレーニングの種類や強度、量などを選んでいく。

5 意識性
同じトレーニングでも、「このトレーニングがどうして
必要なのか」と意識しながら行うことで効果が大きく異なる。

6 全面性
一つの要素に偏るのではなく、様々な動きを
バランスよく行う。トレーニングが偏ると、
故障の原因にもつながる。

7 個別性
同じ学年の子どもであっても身長や体重、
骨格、性格などは異なる。個人個人の能力や性別、
目的に見合ったメニューを考える。

大会を前にしたときの計画の立て方

次に子どもが本格的にアスリートを目指し、大きな大会を目標にしてトレーニングを重ねるとき、どのように練習を組み立てていけばいいか。

これはあくまでも私が現役のとき、そして甲南大学の陸上部で実践していることですが、もしよければ参考にしてください。

考え方としては、はじめに大会までの期間を大きく4つに分けます。

一般準備期 ＝ まずはこれからトレーニングをしていくための体づくりが基本となる。サッカーやバスケットボールなどの球技や、鬼ごっこをやってみる。坂を登ったり、砂浜を走るなど、体に負荷をかけることを日常的に行う。ストレッチも含め、競技に必要な体を作っていく。

専門準備期 ＝ より専門的に体を準備していく。この本の中で紹介しているラダーを使ったトレーニングや変形ダッシュなどを行う。50m走が目標であれば、それよりも少し長い70mや80mを走り、長い距離でもスピードを維持できるようなトレーニングをしてもいい。

試合準備期 ＝ 試合に向けたトレーニングを行う。スタートでのダッシュの仕方や、変形ダッシュからスピードをつけていくなど、技術的な要素を高める時期。

試合期 ＝ 全力で走ったり、実際にタイムを計測するなど、試合に向けたトレーニングをしていく。またこの期間はメンタルも重要。最終的には選手が自分で「やれるんじゃないか」と思えるところまで持っていかなければならない。

そのため、特に試合前はフリーの練習を作り、個人で練習をさせることもある。課題を克服するのも個人の選択で、試合に出場するのも個人の選択。練習をせずにガス抜きでリズムを作るのも個人の選択だと認識させる。

おおよその目安として、一般準備期と専門準備期がそれぞれ1カ月半、試合準備期が1

カ月、試合期はそれよりも短くなります。

大学生であれば冬に体力をつけて、春休みごろから試合に移行していきます。

そうして、一学期の間に試合をやって、今度はまた一学期の終わりごろから秋のシーズンに向かっていく。

その間には、体を休ませる回復期や、次のトレーニングに向けて準備をする移行期などの細かい要素が入ってきます。ですが、大きく分けると、やはりこの4つの期間でスケジュールは進行していきます。

また、この期間の中で短期、中期、長期の目標を立てます。

短期の目標としてはその日にタイムを出すこともあるし、動きの習得を目標にすることもあります。

おわりに　陸上教室設立から1年経って

「すべてのスポーツに通じる運動能力は走ることから！」を合言葉に、ヴィッセル神戸アスレチックスクラブを設立してから、１年が経とうとしています。

スタート当初、サッカークラブのホームページからの募集告知ということもあり、陸上競技というよりも、サッカーの局面で少しでも有利になりたいという保護者の願いで集まった子どもたちがほとんどでした。

その子たちは、スポーツをしているにもかかわらず、走ることに対して常にマイナス思考でいたのです。私自身、戸惑いを隠すことができませんでした。

トレーニングの中で、走りに対してポジティブになっていったことからも、あらためて「心」（メンタル）が大切だと感じ入りました。

このような過程を歩む中、今回の出版の話をいただきました。今までの「小・中学生のための走り方バイブル１・２」の内容に加えて、「心」（メンタル）の部分から変えていく内容を多く取り入れていることが大きなポイントです。

本書を参考に、保護者・指導者のひと言で劇的な変化を、ぜひ子どもたちに与えていただければと思います。
最後に、今回もこのような出版の機会を与えていただいた株式会社カンゼン様、そして、このような指導ポイントを気づくきっかけとなるアスレチッククラブ設立に、ご理解をいただいたヴィッセル神戸の叶屋社長、はじめ関係の皆様には、この場を借りて心より御礼申しあげます。

甲南大学　伊東浩司

伊東浩司 Koji Ito

甲南大学准教授。100m走日本記録保持者（2012年2月現在）。1970年兵庫県生まれ。100m、200m、400mで活躍した日本短距離界屈指のスプリンター。バルセロナ、アトランタ、シドニー五輪では日本代表として選出され、98年のアジア大会では10秒00のアジア新記録（当時）を樹立。報徳学園高、東海大、富士通を経て、05年より現職。同大学の陸上競技部女子顧問として育成にも力を入れている。また2011年5月より、小学生を対象とした陸上教室『ヴィッセル神戸アスレチッククラブ』を開設し、子どもたちの走りの指導にあたる。

●ヴィッセル神戸アスレチッククラブ http://www.vissel-kobe.co.jp/athletic-c/index.html

【参考文献】
『最強ランナーの法則』（MCプレス）、『DVD日本人に適した最速の走り方』（西東社）、
『球技「速く走る」トレーニング』（池田書店）、『DVD小・中学生のための走り方バイブル』（小社）、
『DVD小・中学生のための走り方バイブル2』（小社）、
『SAQトレーニング』（大修館書店）、『「奇跡」のトレーニング』（講談社）、
『短距離（最新陸上競技入門シリーズ）』（ベースボールマガジン社）

STAFF

構成 岩本 勝暁
デザイン 櫻井 ミチ
CGイラスト 長谷川 洋介
イラスト 喜多 浩太郎
著者近影 齊藤 友也
編集 李 勇秀（株式会社カンゼン）

小・中学生のための **足がグングン速くなる本**

発行日 2012年3月30日 初版
2014年4月8日 第5刷 発行

著　者 伊東 浩司
発行人 坪井 義哉
発行所 株式会社カンゼン
〒101-0021
東京都千代田区外神田2-7-1 開花ビル4F
TEL 03（5295）7723
FAX 03（5295）7725
http://www.kanzen.jp/
郵便振替 00150-7-130339

印刷・製本 株式会社シナノ

ISBN 978-4-86255-126-9 Printed in Japan
定価はカバーに表示してあります。

本書に関するご意見、ご感想に関しましては、**kanso@kanzen.jp** までEメールにてお寄せ下さい。